성과를 높이는
직장인
공부법

성과를 높이는 직장인 공부법

후루카와 히로노리 지음
김활란 옮김

AONEBOOKS 에이원북스

머리말

변화의 시대, 회사는 능력 있는 인재를 원한다.

과거에는 학교를 졸업하고 회사에 들어가기만 하면 마치 엘리베이터를 탄 것처럼 승진을 거듭하고 월급도 점차 오르는 구조였다. 실수만 하지 않는다면 안정된 샐러리맨 생활을 계속할 수가 있었다.

이제 시대는 변했다. 앞으로 회사에서 살아남으려면 공부를 해야만 한다. 공부해서 자신의 실력을 쌓아야 한다. 과거에도 자기발전을 위해 공부를 한 사람은 있었지만, 그 시절은 다소 공부가 부족해도 평사원은 살아남을 수 있었다. 그러나 지금은 다르다. 입사한 것으로 그치는 것이 아니라 살아남기 위해 공부하는 분위기가 조성되고 있다.

그래서 다양한 공부법을 설명한 수많은 책들이 출간되고 있다. 나 역시 실제로 그 중의 몇 권을 구입해서 읽고 참고한 적도 많다. 그런데 그 책들 중에는 일류대학을 졸업한 사람이 변호사

시험에 합격한 성공담이나 어려운 자격증을 취득한 방법에 관한 책이 많았다. 그래서 정작 그 책을 읽고 난 후, 내게는 그런 방법이 무리라는 생각을 할 때가 더 많았다.

막상 사회인이 되면 학창시절처럼 매일 몇 시간씩 책상 앞에 앉아서 공부할 수가 없다. 낮에 일을 하지 않는다면 가능할지도 모르지만 일은 주어진 양만 하면 되는 게 아니다. 직장에서는 안 좋은 일이 생길 수도 있고 스트레스도 쌓여만 간다.

그렇다면 어떻게 해야 할까?

회사는 목표설정을 한다. 사업계획이나 경영계획이 바로 그것이다. 이처럼 자신의 공부에 대해서도 목표를 설정해야 한다고 생각한다. 자격증을 딴다거나 혹은 연간 1백 권의 책을 읽는다거나, 아니면 직장인으로서 능력 있는 사람이 된다거나 하는 목표가 필요하다.

그리고 회사는 단지 목표만 설정하지는 않는다. 그 결과나 성과도 원한다. 그래서 계획 달성을 위한 수단을 찾아 실행해야 한다. 또한 예산과 실적을 대비하여 성과가 있는지 없는지도 확인한다. 자신의 공부도 마찬가지다. 모처럼 공부에 대한 목표를 설정해도 성과가 없으면 의미가 없다. 공부 자체가 목적이 되어버리는 것이다.

내가 존경하는 선배 중에 동료나 고객과의 식사약속이 있으면 반드시 1차만 하고 귀가하여 매일 밤 11시부터 두 시간 동안 공부나 집필을 하는 분이 있다. 25살 때부터 그렇게 했다고 한다. 내가 진심으로 존경하는 선배다.

그러나 나는 선배처럼 하고 싶어도 행동으로 옮기려는 의지가 부족하다는 걸 잘 알고 있다. 나는 30년 동안 직장생활을 하고 있는데, 업무만큼은 열의를 갖고 최선을 다한다고 자부한다. 그러나 책을 읽고 공부를 시작한 건 30대 후반부터였다. 사회인이 되어도 공부가 필요하다는 사실을 깨달은 시점이다.

하지만 아직도 나는 매일같이 술을 마신다. 평일에는 매일 새벽녘에 귀가한다. 이런 상황이다 보니 내가 설명하는 공부법을 스스로도 항상 실행하고 있는 건 아니다. 그래서 가끔 다음 날 아침에 반성하기도 한다.

이 책에서 소개하는 공부법이 직장인 모두에게 통할 거라고는 생각하지 않지만, 내가 공부하기 위해 노력한 경험은 많다고 생각한다. 따라서 이 책의 어느 일부분이라도 독자들에게 조금이나마 도움이 되었으면 하는 바람이다.

차례

제3장 지금까지의 공부법은 모두 버려라
고정관념으로부터의 탈피

제4장 일할 때가 가장 좋은 공부시간이다
근무시간을 최대한 활용하자

제5장 '자투리 시간'에 효율을 높이는 공부법
성공하는 사람은 결코 대충 하지 않는다

제6장 책에서 어떻게 배우는가?
얼굴을 찡그리지 말자

제1장

왜 지금 공부해야 할까?

언제,
무엇을,
어떻게
공부하면
좋을까?

How to Study

원만한 대인관계는 물론 **공부의 성과**까지 올리자

"술 한잔 하러 가지!"

나는 누군가 이런 제의를 하면 단 한 번도 거절한 적이 없다. 친구나 동료들과 모여서 왁자지껄 떠들며 술 마시는 걸 너무나 좋아하기 때문이다.

어쩔 수 없는 사정이 있거나 몸의 컨디션이 나쁘지만 않다면 술 약속을 무조건 승낙한다. 약속시간이 다가오면 서둘러 퇴근 준비를 하고 곧바로 술집으로 향한다. 동료와 만나서 이런저런 이야기를 나누며 마시는 술은 왜 그렇게 맛있는지 말 그대로 술이 술술 넘어간다.

"2차 갈까?"라는 말을 들으면 2차는 물론이고 3차, 4차, 결국 마지막 술자리까지 함께할 때가 대부분이다. 그러다 보니 퇴근 시간은 빠르지만 귀가시간은 늘 새벽이 되곤 한다.

한 달에 두세 번은 지인들과 만나 정기적으로 트럼프도 즐긴다. 자랑은 아니지만 대인관계만큼은 어느 누구에게도 뒤지지 않을 자신이 있다.

하지만 공부 역시 한 번도 쉬어본 적이 없다. 짬을 내서 비즈니스 관련 서적과 자기계발서, 경제 분야 서적 등을 습관처럼 읽는다. 그렇다고 해서 '책벌레'는 아니다. 1년에 몇 권의 책을 읽겠다거나 전집을 독파하겠다는 생각은 결코 해본 적이 없다.

지금 내가 껴안고 있는 골치 아픈 문제나 개선하고 싶은 점 등 미리 테마를 정해놓고 책을 읽고, 그 안에서 내게 필요한 지식과 노하우를 얻는다.

그러나 그것만으로는 의미가 없다. 내가 공부하는 목적은 책에서 얻은 지식과 노하우를 현장에서 직접 실천함으로써 눈에 보이는 성과를 얻어내는 것이다. 이렇게 말하면, '매일 사람들과 어울려 새벽까지 술만 마시고 돌아다니면서 도대체 공부는 언제 한다는 건가?' 하고 코웃음을 칠지도 모른다.

그러나 나는 사람들을 멀리하면서까지 공부할 생각은 없다. 솔직히 그럴 필요가 있을까 하는 생각마저 든다. 무슨 일을 하든지 강약이 중요하다. 'off' 가 있기 때문에 'on' 의 시간에 열심히 해야지 하는 마음도 드는 것이다.

어떤 사람은 자신의 출세를 위해 그 정도의 희생쯤은 당연하게 받아들일지도 모른다. 그런 사람이 참 대단하다는 생각이 들기는 하지만 난 절대로 그렇게 할 수가 없다. 무리하게 시도해봤자 결코 오래가지 않을 거라는 사실을 나 스스로가 더 잘 알고 있기 때문이다.

놀 때는 확실하게 놀아야 한다. 그런데 놀 때 놀더라도 공부는 왜 해야 하는지 그 점을 확실히 인식할 필요가 있다. 다만, 여기서 말하는 '공부' 는, 수험준비나 자격을 취득하기 위한 것이 아니다. 그럼 무엇을 공부라고 할까? 왜 직장인이 학교를 졸업한 후에도 공부를 계속해야 하는 걸까?

공부를 계속해야 되는 이유를 깨달아야 한다

"놀 시간이 있으면 공부 좀 해라."

어렸을 때부터 부모님께 귀에 못이 박히도록 이런 말을 들었을 것이다. 부모들은 내 자식만큼은 좋은 성적을 받아서 좋은 학교에 진학하기를 바란다. 그래야 평생 고생 안 하고 잘살 거라고 믿기 때문이다.

물론 과거에는 좋은 학교를 졸업하고 대기업에 입사만 하면 마치 구간이 정해진 성공의 전철을 탄 거나 마찬가지였다. 어떤 고생을 감수하더라도 그 전철을 타기만 하면 정년퇴직이라는 종착역에 도착할 때까지 무조건 안정된 생활이 보장되었기 때문이다.

그러나 최근 10년을 되돌아보면 사회환경과 기업의 고용상황이 옛날과 엄청나게 변했다.

총무성(일본의 행정기관으로 행정조직 · 인사 · 지방자치 · 선거 제도 · 정보통신 · 방송 · 우정 · 통계 등을 담당)의 '노동력조사'에 의하면, 현재 기업에 근무하는 정사원은 약 3,770만 명인데 비해 파견사원과 같은 비정규직사원은 약 1,630만 명에 달한다고 한다.

더 이상 평생직장을 꿈꿀 수 없는 현실이 되었다. 우물쭈물하다가는 구조조정이라는 도중하차를 당하거나 이직이라는 갈아타기도 각오해야 한다.

연공서열, 종신고용이라는 '지정석'은 이미 옛날이야기가 되었다. 언제까지 그 전철을 타고 갈 수 있을지 알 수가 없다. 뛰어난 성과를 올리거나 혹은 회사에 얼마나 공헌하느냐로 판단될 것이다.

이 시대를 사는 직장인은 싫든 좋든 이런 변화의 소용돌이 속에서 자신에게 주어진 환경에 적응해야만 살아남을 수 있다.

이 시대는 능력 있는 인재를 요구하고 있다. 인재는 많지만 기업이 진정으로 원하는 인재는 일을 잘하는 직장인이다. 그렇기 때문에 공부를 해서 자신의 능력을 키우려는 노력이 그 어느 때보다 절실한 시기다.

자신을 조금이라도 업그레이드하기 위해

나는 늘 꿈(낭만)을 갖고 산다. 사람들에게는 저마다의 꿈이 있다. 가까운 미래에 독립해서 자신만의 사업을 시작하는 꿈, 현재 근무하는 회사에서 간부로 승진하여 회사라는 조직을 배경으로 자신의 생각대로 대형 프로젝트를 추진하는 꿈….

이런 꿈을 가진 사람은 옆에서 지켜보기만 해도 빛이 난다. 마치 오로라가 뿜어져 나오는 것 같다. 그러나 그 꿈을 실현하기 위해서는 당장 내일 먹을 빵이 시급하다. 그러므로 최소한의 수입은 확보해야 한다. 자신의 꿈을 실현하고 내일 먹을 빵을 확보하기 위한 '도구'가 바로 공부다. 그렇다고 해서 학생시절처럼 집으로 돌아와서 몇 시간씩 책상 앞에 앉아 공부하라는 이야기가 아니다.

그러면 학생시절과 다를 바가 없지 않은가? 강제로 하는 공부는 공부가 아니다. 직장인에게는 공부 자체가 목적이 아니다. 공부에서 얻은 지식과 노하우를 매일 직장에서 활용하여 성과를 얻는 것이 중요하다. 그러나 그 공부가 오로지 자신만을 지키기 위한 거라면 너무 씁쓸하지 않은가? 목표는 그것이 아니다.

공부를 통해 자신을 한 단계 업그레이드하고 싶은 마음은 누구에게나 있다. 자신이 얻은 것을 남에게 전하고 싶고, 그것을 회사 또는 사회에 공헌할 수 있는, '일을 잘하는 사람' 이 되고 싶다. 그래서 나도 꾸준히 공부하고 있다.

학창시절에는 국어과목을 별로 좋아하지 않았다. 책을 읽은 기억도 거의 없다. 좀 더 솔직히 말하면 기껏해야 만화책을 읽은 게 전부다.

대학에 들어가서는 세미나 수업을 제외하고는 진지하게 공부해본 기억조차 없다. 거의 매일 아르바이트와 슬롯머신, 트럼프

놀이에 빠져 살았다. 그래도 회사에 입사하고 나서는 통근전철 안에서 가끔씩 역사책을 읽곤 했다. 원래 역사에는 관심이 좀 있었지만, 야마오카 소하치(山岡荘八)의 장편소설 『도쿠가와 이에야스』를 끝까지 다 읽었을 때는 스스로도 놀랐을 정도다.

20대의 내 모습이 이러했다. 책을 읽고 공부해야겠다거나 그 책을 읽고 일하는 현장에서 도움이 될 만한 비결을 얻고 싶다는 생각은 전혀 없었다. 다만 배우는 게 중요하다는 것을 입사 당시 엄하고 능력 있는 선배들 밑에서 일하면서 조금씩 느끼기 시작했다.

업무를 익히고 능력을 쌓기 시작하자 새로운 일도 주어졌다. 가끔은 상사에게 칭찬도 받으면서 나름대로 회사생활에도 만족하고 있었다. 그러다 보니 자신의 능력을 키우기 위해 공부를 해야 한다는 생각은 어느새 사라졌다.

그런 내 의식이 크게 바뀌기 시작한 건 35살 때부터였다. 당시의 내 위치는 부장대리로서 정보산업 관련 업무를 맡고 있었다. 회사일은 순조롭게 진행되었다. 하지만 중간관리직이 되자이 정도로 만족해서는 안 된다는 생각과 좀 더 자신을 업그레이드해야 한다는 생각이 들기 시작한 것이다.

그 후에 나는 해외로 발령받아 미국으로 가게 되었다. 이직은 바로 그 직전에 하였다.

어느 날, 늘 존경하던 선배가 갑자기 내게 다가오더니 책상 위에 비즈니스 관련 서적 10권 정도를 내려놓더니 이렇게 말했다.

"자네가 지금 하고 있는 분야는 여기까지일 거야. 그러나 다른 분야도 공부를 해보는 게 어떤가?"

'도대체 이 많은 책 안에는 어떤 지식과 노하우와 힌트가 숨겨져 있는 걸까?'

상사가 권한 책이었기 때문에 무척 진지하게 생각했다. 그것만 알아낸다면 앞으로의 업무에 많은 도움이 될 게 틀림없었다. 내 자신을 좀 더 업그레이드할 수 있겠다는 생각이 들었다.

눈앞에 쌓여 있는 비즈니스 서적이 갑자기 보물섬처럼 보였고 어서 빨리 읽고 싶었다. 그러자 책을 읽는 방법도 달라졌다. 즐거움을 위해 책을 읽는 게 아니라 자신을 조금이라도 업그레이드시켜서 일을 할 때 적극 활용하여 좋은 결과를 얻기 위해서였다.

이렇게 해서 내 공부는 시작되었고, 지금까지 읽은 비즈니스 서적만 300권이 넘는다.

회사에 꼭 필요한 사람이 되자

회사에 입사한 지 15년 정도 지났을 때의 일이다. 새로운 사업을 전개하기 위해 회사 내에서 의욕이 넘치는 사원을 모집하는 제도가 생겼다. 그 사업이란 바로 정보산업으로 텔레비전이나 영화 등의 콘텐츠를 개척하는 일이었다.

그때까지 에너지 관련 일만 해온 내게는 전혀 다른 분야나 다름없었다. 익숙한 분야를 떠나 미지의 분야로 옮긴다는 사실에 약간의 불안감은 있었지만 난 주저하지 않고 손을 들었다.

회사에 입사했을 때, 맨 처음 어떤 부서에 배치되느냐에 따라 자신의 미래가 결정되기도 한다. 일단 원하지 않는 부서에서 빠져나오려면 새로운 분야의 일을 시작할 수밖에 없었다. 또한, 나 자신의 가능성을 펼쳐 보고 싶어서 응모를 결심했다.

그 후 나는 3년 동안 뉴욕에서 생활했다. 뉴욕 브로드웨이의 수많은 극장에서는 다양한 뮤지컬과 연극 등이 상연되는데 그 활기는 엄청났다. 영하를 맴도는 뉴욕의 추운 겨울 날씨에도 극장으로 향하는 사람들의 무리를 보고 그 힘을 느꼈다.

이 시절의 경험은 이후 내가 45살 때 직장을 옮기는 기회를 만들어 주었다. 또한, 이직을 할 때 문득 떠오르는 기억이 있다. 아직 에너지 부문을 담당하던 무렵, 어느 전기회사 공장을 방문했을 때의 일이다. 공장을 둘러보던 나는 담당자에게 물었다.

"이곳에서 일하려면 무엇이 가장 필요한가요?"

나는 그가 설비나 기술을 대답할 거라고 생각했다. 하지만 담당자의 대답은 의외였다.

"사람이죠."

그의 입에서 '사람'이라는 말이 나오리라고는 전혀 상상하지 못했었기에 깜짝 놀랐다. 그는 기업에서 없어서는 안 될 요소(경영자원)를 '사람, 제품, 돈, 노하우' 라고 하였다. 그가 말한 1순위는 '사람' 이었다.

그때 '아~ 바로 이거야' 라고 생각했다. 아무리 우수한 기술이나 설비가 있어도 그것을 움직일 수 있는 '사람' 이 없으면 모두 쓸모없기 때문이다. 혹시라도 다른 분야에서 일하게 된다면 망설임 없이 그 일을 맡아 할 수 있는 그런 사람이 되어야 한다. 내 자신을 성장시켜야 한다는 사실을 다시 한 번 깨닫는 순간이었다.

왜 책을 읽어야 하는지 깨달아야 한다

나는 틈만 나면 책을 읽는다. 책을 읽으면 공부가 되기 때문이다.

그렇다면 왜 독서가 공부일까?

책에는 사람들의 경험이나 법칙, 노하우, 혹은 진리 등이 모두 들어있기 때문이다. 우리는 이것을 이용해야만 한다.

나는 옛날부터 음악을 좋아해서 매일 히트곡을 들었다. 지금 어떤 곡이 유행하고 있는지, 대부분 머릿속에 들어있었다. 그러나 어떤 일을 계기로 그게 모두 쓸모없다는 생각이 들었다. 유행을 쫓아가려면 모든 곡을 일 년 내내 들어야만 한다. 많은 시간과 노력이 필요한데 그건 정말 시간낭비이다.

시대에 뒤떨어졌다는 말을 들어도 상관없다. 굳이 지금 유행하고 있는 음악을 듣지 않아도 된다. 10년 정도 지나면 그 가수나 장르의 베스트앨범이 발매된다. 그때 들으면 된다.

책도 마찬가지다. 베스트셀러가 된 책, 평판이 좋은 책, 지금도 널리 읽혀지는 책은 그만큼 알찬 내용이 있기 때문에 사람들이 찾는 것이다. 따라서 그런 책을 찾아내어 요점만을 흡수하는 게 효과를 높이는 지름길이다. 요컨대 책을 읽는 건 시간을 사는 것과 같다.

비즈니스에 비교한다면 M&A도 마찬가지다. 새로운 사업을 시작하고 싶을 때는 마켓을 찾고, 고객과 종업원이라는 노동력을 확보해야 한다. 새로운 설비도 필요하다. 그러기 위해서는 막대한 시간이 든다. 그러나 M&A라는 방법으로 사업을 시작하면 모든 것이 갖추어져 있다. 사무실에 가면 지금 당장이라도 사업을 시작할 수 있다.

이것도 시간을 사는 것과 같다. 공부를 할 때도 이미 있는 지식이나 노하우를 효과적으로 취하면 된다. 이것이 바로 내가 말하는 '시간을 산다'는 뜻이다.

무작정 독서를 좋아하는 사람들이 있다. 주위를 둘러보면 학구파 한 명 정도는 있을 것이다. 책을 읽는 건 훌륭한 일이다. 그만큼 독서는 귀중한 취미라고 생각한다. 1년에 몇 권의 책을 독파하겠다고 마음먹은 사람도 있다. 책을 읽는 것 자체가 그 사람에게는 목표일지도 모르지만 이 역시 남들이 뭐라고 할 수는 없다.

그러나 내가 여기서 하고 싶은 말은 직장인으로서 자신의 실력을 쌓기 위해 책을 읽고 배우고자 한다면 그 목적에 맞는 방법을 선택해야 한다는 것이다. 같은 책을 읽더라도 무엇을 위해 공부하는지, 단순히 책만 읽는 것이 목적인지, 확실한 목표를 설정하는 것이 매우 중요하다.

목표를 설정하면 짧은 시간 안에 많은 것을 효율적으로 배울 수 있다. 어떤 기업이든지 커다란 방침 아래 구체적인 목표를 세우고 지휘계통을 확실히 하여 목적달성을 위해 앞으로 나아간다. 그 경험이 쌓여서 가장 효과적이며 효율적인 시스템을 생성해낸다.

책을 읽고 공부하는 것도 이와 마찬가지다. 단순한 '공부놀이' 가 아닌 자신을 위한 공부를 하기 위해서는 확실한 목표 설정이 우선되어야 한다.

맨 먼저 자신의 목표를 설정하라

옛날부터 '떡은 역시 떡집에서(무슨 일이든지 전문가가 있음을 비유)' 라는 말이 있다. 자신이 잘하는 분야는 반드시 있어야 한다. 그러나 그 외의 분야에서 전문가의 힘을 필요로 할 때가 생긴다.

예를 들어, 현재 일하는 분야에서 법과 관련된 문제가 발생하면 변호사를 찾아가야 한다. 이때 어느 정도의 예비지식을 갖고 변호사를 방문해야 한다. 아무런 지식도 없이 그의 이야기를 듣는 것과 기본적인 사항을 미리 알고서 듣는 건 천지차이다. 이해할 수 있는 범위가 달라진다. 얻을 수 있는 성과 역시 달라진다. 또한 자신이 무엇을 확보할 수 있고 뭘 하면 좋은지도 확실해진다.

그러나 그런 예비지식은 어디까지나 전문가와 이야기하기 위한 공부임을 착각해서는 안 된다. 그 자체가 목적이 아니다. 법률 전문가가 되고자 하는 게 아니다. 전문가와 대화가 통할 정도의 최소한의 지식이면 충분하다. 그 이상 범위를 확대할 필요는 없다. 떡은 떡집에게 맡기면 된다. 이 점을 실수하면 목표 자체를 잃어버릴 수도 있다.

예를 들어, 나는 역사를 좋아한다. 전국시대의 장군들은 어떤 사고방식을 하고, 어떻게 실행에 옮겨 성과를 얻어냈는지를 생각한다. 그리고 내 처지와 바꾸어 생각해보면 숨어있는 많은 노하우를 얻을 수 있다.

기회가 된다면 장군들이 쓴 고문서를 원문으로 읽어보고 싶다. 그러나 그것이 지금의 목표는 아니다. 언젠가 시간이 있을 때의 이야기일 뿐, 아마 현역 은퇴 후에 공부하게 될 것 같다.

자신의 목표가 정해지면 제일 먼저 자신의 전문분야를 완벽하게 만들어야 한다.

그런데 목표는 어떻게 세우면 좋을까?

무슨 일을 하든지 목표를 세울 필요가 있다. 자신이 뭘 위해 공부하는지 알지 못하면 행동으로 옮길 수가 없다. 그렇다면 목표를 어떻게 세워야 할지 다음과 같은 그림을 그려보면 알기 쉽다.

우선 자신을 가장 밑에 두고 그 위에 목표를 쓴다. 자신과 목표를 연결하면 역삼각형이 만들어진다. 그 안에 들어 있는 것이 당신이 해야 할 일이다. 삼각형 밖에 있는 것은 하지 않아도 된다. 이 그림을 보면 '해야 할 일'과 '하지 않아도 될 일'이 확실해진다. 해야 할 일만 실행하면 목적은 달성할 수 있다.

자신과 목적 사이에는 간격이 있는데 이를 시간이라고 생각하면 된다. 3년 안에 목적을 달성하고 싶다면 그 간격을 삼등분하여 수평으로 선을 긋는다. 이렇게 하면 1년째는 무엇을 해야 하고, 2년째의 할 일은 무엇인지 등 언제까지 뭘 해야 할지 선명해진다.

기업에서도 이렇게 설정한 목적을 실행에 옮긴다. 기업과 마찬가지로 자신의 목표도 만들면 된다. 여기서 '선택'과 '집중'

이 생겨난다.

예를 들어, 나는 책을 통해 공부를 계속하는데, 책 한 권을 읽더라도 확인하고 싶은 몇 가지 주제(목적)를 미리 정한다. 필요한 부분만 읽으면 되기 때문에 처음부터 마지막까지 읽을 필요도 없다.

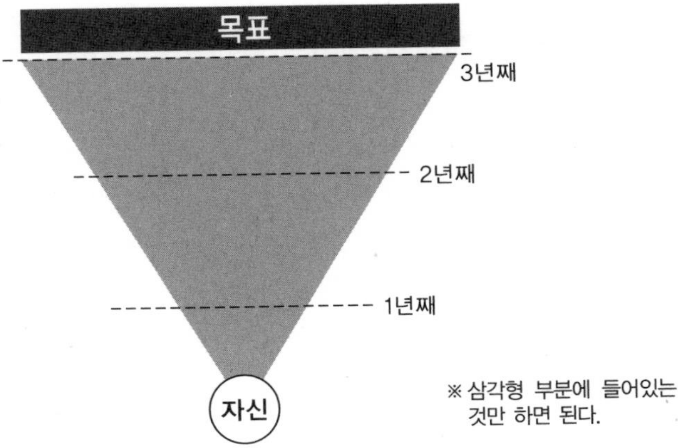

실현 가능한 목표를 세워라

클라크 박사는 '소년이여, 야망을 가져라!' 라고 했다. 좋은 말이다. 누구라도 한 번쯤은 들었을 것이다. 그렇다면 목표가 클수록 좋은 게 아닐까? 그건 아니다. 어디까지나 '꿈' 이라는 의미다.

목표를 세우는 일은 중요하다. 하지만 결코 이루기 힘든 꿈을 꾸는 건 허풍이라고 할 수 있다. 직장인의 목표는 꿈을 실행에 옮겨 성과를 이루는 것이다.

예를 들어, 영화 광고를 보다 보면 '구상 OO년, 총제작비 △억 엔' 이라는 광고문구를 자주 접한다. 엄청난 제작비를 투자하고 심혈을 기울여 만든 최고의 블록버스터라고 광고하지만 내게는 아무런 감동이 느껴지지 않는다. 오히려 무언가 착각하고 있는 건 아닐까 하는 생각마저 든다.

왜 굳이 그렇게 많은 시간과 돈을 들여서 영화를 만들어야만 할까라는 생각이 먼저 든다. 하지만 영화이기 때문에 그나마 괜찮다. 그런데 직장인이 이 영화처럼 어처구니없는 거창한 구상을 한다면 어떻게 될까? 이룰 수 없는 현실에 부딪치면 자신만 비참해질 뿐이다.

커다란 목표나 구상도 괜찮다. 그러나 그것을 실현하지 못하거나 성과를 이루어내지 못한다면 비즈니스 현장에서는 목표로 삼을 수 없다. 커다란 구상만 세우고 실현도 하지 못한 채 끝날 것인가? 아니면 현실에서 가능한 목표를 세워서 차곡차곡 성과를 쌓아나갈 것인가?

목표를 달성하지 못하면 자신도 만족할 수 없다. 적어도 실현 가능한 꿈을 목표로 세워야 한다.

제2장

정말 시간이 없을까?

내 시간을 만드는 법

How to Study

하루는 누구에게나 24시간이다

나는 근무시간 외에는 거의 일을 하지 않는다. 퇴근시간이 되면 재빨리 하던 일을 마무리하고 회사를 나선다. 하지만 아무리 퇴근시간이 빨라도 집에 돌아가는 시간까지 빠른 건 아니다. 새벽녘 귀가가 일상이 된 지 오래다.

퇴근 후에 내가 직행하는 곳은 선술집. 회사 동료들과도 가지만 전에 근무하던 회사 사람들은 물론 다른 업종 사람들과도 술을 마신다. 왁자지껄 먹고 마시며 떠들다가 1차가 끝나면 2차도 따라간다. 자랑은 아니지만 특별한 용무가 없는 한 사람들과의 술자리나 회식자리는 한 번도 거절해본 적이 없다.

그뿐만이 아니다. 한 달에 세 번은 트럼프를 한다. 이는 어디까지나 나에 관한 이야기다. 이외에도 접대가 있으면 회사 사람들과 마시기도 한다. 이렇게 해서 나의 스케줄은 2~3주 후까지 꽉 차있다. 덕택에 내 수첩은 술자리와 사람들과의 약속으로 빼곡하다. 집에서 저녁을 먹는 날은 고작해야 일주일에 한 번, 일요일뿐이다. 이런 생활을 용케도 계속하고 있지만 이런 생활만큼은 그만둘 수 없다.

사람들은 그런 나를 보고 도대체 그렇게 놀면서 공부는 언제 하느냐고 어이없어 하지만 그래도 나는 매일 공부를 한다. 시간이 없다는 말은 죽었다 깨어나도 하지 않는다.

아무리 차별이 있는 사회라고 해도 시간만큼은 모두에게 평등하다. 하루는 24시간이다. 나는 책상 앞에 앉아 몇 시간씩 공부하지는 않는다. 최고의 공부시간은 일할 때라고 생각하기 때문이다.

하지만 일을 대충하면서 다른 분야를 공부하는 건 아니다. 하루 중 8시간이나 되는 근무시간을 활용하지만, 지금 하고 있는 일을 처리하기 위해 시간에 쫓기는 게 아니라 거기에 플러스알파를 한다.

나는 책을 읽음으로써 일을 제대로 할 수 있는 노하우를 얻는데, 동료나 친구들과의 술자리나 만남을 결코 그만두지 않는다는 게 '절대조건' 이다. 매일 반복되는 일상 속에서 자투리 시간을 유효하게 활용하려는 궁리도 필요하다. 그런 시간을 만들기 위해서는 쓸데없이 시간낭비하지 말고 효율을 높이기 위한 노력을 해야 한다.

처음부터 배운다는 생각으로 행동하라

"요즘 너무 바빠. 얼마나 바쁜지 정신이 없을 지경이야."

만날 때마다 입버릇처럼 말하는 직장인이 있다. 내가 볼 때 솔직히 이건 변명에 지나지 않는다. 바빠서 할 수 없다는 핑계를 대는 건, 자신은 하지 않아도 된다고 멋대로 자기변호하려는 마음이 잠재해 있기 때문이다.

바쁘다고 하면 다른 일은 맡기지 않거나, 바쁘다고 하면 실패했을 때의 변명이 성립되기 때문이다. 이런 '보호막'을 미리 치고 있을 뿐이다. 만일 조금이라도 그런 마음이 있다면 오늘부터 바쁘다는 말을 그만두어야 한다. 당신에게 전혀 도움이 되지 않는다. 남 앞에서 바쁘다는 말을 입버릇처럼 내뱉는 것 자체가 스스로 시간을 컨트롤 할 능력이 없다는 걸 고백하는 것과 마찬가지다.

일을 잘하는 사람은 결코 바쁘다는 말을 하지 않는다. 그런 이유로 피하지도 않는다. '바쁘다' 라는 건, 자신은 그 정도로 중요한 일을 맡고 있어서 회사 내에서도 능력을 인정받고 있다는 뜻이다. 하지만 바쁘다는 핑계로 일을 제대로 하지 못했다는 이유가 성립될까?

아무리 힘들어 보이는 일일지라도 해결책은 반드시 있다. 조금은 골치가 아플지 몰라도 얼마든지 해결할 수 있다. 어떤 점이 문제인지 보이지 않기 때문에 해결할 수 없는 것이다.

우선 첫째로 골칫거리의 정체를 파악하고 이것을 제거하는 게 중요하다. 여기서 해결의 실마리를 찾는다.

바쁘다, 시간이 없다고 하지만 일을 할 때 누구나 충분한 시간이 주어지지 않는다. 누구라도 그 점을 전제로 일을 한다. 만일 시간이 없다면 시간을 만드는 방법을 당장이라도 생각해야 한다.

당신은 정말로 그 정도로 시간이 없을까? 다시 한 번 깊이 생각해보자. 바쁘다거나 어렵다는 말을 입버릇처럼 한다고 해서 결코 문제가 해결되지는 않는다. 시간은 만든다는 의식을 가지면 얼마든지 생긴다.

거리에서 즐겁게 윈도우쇼핑을 하는 커플을 자주 볼 수 있는데, 나의 경우에는 쇼핑을 무척 싫어한다. 쇼핑이 취미라는 사람이 부러울 정도다. 그런 나도 1년에 몇 번은 백화점을 찾을 때가 있다. 그러나 그저 막연히 진열된 상품을 보러 가는 건 아니다. 미리 내 나름대로 주제를 갖고 간다.

'오늘은 백화점에 가서 소매업에 대해 무언가를 배우고 오자'라고 다짐하며 집을 나선다. 그런 의식을 갖고 백화점을 찾았을 때와 그저 막연히 들렀을 때와는 얻는 게 전혀 다르다. 점원의 접객태도, 상품의 디스플레이와 매장에서 파는 물건의 종류 등 이런 의문을 갖고 매장 안을 돌아다니다 보면 참고가 될 만한 사항들이 몇 가지 눈에 들어온다.

이처럼 무언가 행동할 때는 '오늘은 이것을 배우자' 라고 정하고 행동하는 게 중요하다.

나는 서점에 자주 간다. 물론 읽고 싶은 책을 구입하기 위해서다. 가기 전에 서점에 미리 전화해서 사고 싶은 책이 있는지 알아보고 간다. 만일 있다고 생각하고 갔는데 원하는 책이 없다면 시간낭비이기 때문이다. 하지만 그냥 들렀을 때라도 뭔가 알고 싶은 주제만 정해져 있다면 원하는 책 이외의 관련 책에도 눈이 간다. 특정한 책을 구입하려는 목적이 있기 때문에 관련 책도 눈에 들어오는 것이다.

시간은 얼마든지 만들 수 있다

쓸데없이 낭비하지 않으면 자신의 시간을 얼마든지 만들 수 있다. 비효율적인 방법을 개선하면 시간은 자연히 생겨난다. 그 중에 하나가 물건을 찾는 일이다. 막상 일을 하려고 책상 앞에 앉았는데 필요한 서류가 없거나 자료가 어딘가로 사라져서 찾을 수 없을 때가 있다.

누구나 이런 경험은 해봤을 것이다. 필요한 물건을 찾느라 낭비하는 시간만큼 아까운 것도 없다. 무언가를 찾던 도중에, '어, 지금 내가 뭘 찾고 있었지?' 하고 찾는 물건조차 잊어버릴 때가 있다. 최악의 순간이다. 이 순간 자기혐오에 빠지기도 한다. 그런 하찮은 일로 시간을 낭비하는 동안에 일을 하려던 의욕도 어느새 사라져 버린다.

이런 시간낭비를 없애기 위해서는 필요한 물건을 찾지 않아도 되는 상태를 항상 유지해야 한다. 나는 필요한 물건을 투명한 비닐 파일에 넣고 다닌다. 이렇게 하면 무엇이 들어 있는지 금방 알 수 있기 때문이다.

게다가 지퍼부분의 색깔이 다른 파일을 몇 가지 준비하여, 빨간색 파일에는 지불해야 할 청구서나 회사 관련 영수증과 기차 티켓 등, 녹색 파일에는 수첩, 열쇠, 필기구 등을 넣는다. 그것만으로도 물건 찾는 시간을 절약할 수 있다.

가방 안의 서류는 비닐로 된 클리어 파일에 넣는다. 중요한 서류는 빨간색, 회사 관련 서류는 녹색, 개인 서류는 투명한 파일에 넣는다. 서류도 투명한 상자에 넣는다. 나는 가능하다면 매일 들고 다니는 가방조차도 투명한 것으로 바꾸고 싶지만 그렇게 까지 할 용기는 없다.

또 한 가지, 여러 장인 서류는 한 번 접는다. 한 쪽만 인쇄된 서류라면 대부분의 사람들은 글자가 쓰인 면을 안쪽으로 해서 접는다. 하지만 나는 반대로 글자가 있는 면을 바깥쪽으로 보이게 접는다. 이렇게 하면 꺼낼 때 어떤 내용인지 금방 알 수 있기 때문이다. 또한, 한 번 꺼냈던 서류는 다소 귀찮아도 원래 있던 곳에 집어넣는 것이 철칙이다. 조금만 신경 쓰면 얼마든지 시간을 절약할 수 있다.

하지 않아도 되는 일을 몇 번씩 되풀이하는 것도 낭비의 전형이다.

회사 내의 회의실에는 화이트보드가 놓여 있다. 이를 사용하여 설명하면 설득력도 생긴다. 그런데 막상 보드에 무언가를 쓰려고 하면 전용 펜의 잉크가 없을 때가 많다. 이럴 때 당신은 어떻게 하는가? 아마도 잉크가 떨어진 펜은 그대로 두고 잉크가 잘 나오는 펜을 찾아서 사용할 것이다. 사용할 수 없는 펜은 버려지지 않고 그대로 방치된다. 그리고 다음 그룹이 그 방에서 회의를 시작하면 누군가가 또다시 똑같은 상황을 연출할 것이다. 시간낭비의 반복인 셈이다.

이런 불필요한 시간낭비를 줄이려면 사용할 수 없는 펜은 발견하는 즉시 쓰레기통에 버리면 된다. 불필요한 낭비를 줄이기 위해서는 항상 이런 사소한 것부터 의식해서 행동할 필요가 있다. 최근에는 남아 있는 잉크의 양을 알 수 있는 화이트보드용 투명 펜도 등장했다. 아이디어 상품이다.

또 한 가지는 '말을 했다, 안 했다' 는 논쟁거리다.

"당신이 분명히 그렇게 말했잖아요?"

"아뇨, 난 그런 말 한 적이 없어요."

비즈니스 현장에서 자주 일어나는 문제이다. 구두로 처리했을 때 이런 문제가 자주 발생한다. 이야기가 제대로 전달되지 않았기 때문에 생겨난 문제다. 무언가를 약속하거나 전달하고자 할 때는 귀찮아하지 말고 메모에 써서 전하고, 듣는 쪽에서는 수첩에 적는다. 혹은 이야기한 내용을 메일로 보낸다. 다소 번거롭더라도 이렇게 문서나 메일로 남김으로써 착각이나 다툼을 방지할 수 있다.

특히 약속장소와 시간을 정할 때는 반드시 그렇게 하는 게 좋다. 분명 자신은 정확히 전달했다고 생각하지만 중요한 사항을 빠트리거나 잘못 전달하는 실수를 할 때가 종종 있기 때문이다.

친구끼리의 약속은 전화 한 통화로 양해를 구할 수도 있지만 거래처는 그렇게 간단히 해결되지 않는다. 더 큰 문제로 발전할 수도 있다.

예를 들어, 이야기를 나누다가 "그거 좋겠네요" 하고 생각 없이 가볍게 툭 내뱉은 말에 대해 상대는 OK했다고 해석해버린다면 어떻게 하겠는가? "그때 한 말은 그런 뜻이 아니라…"라며 열심히 해명하기 위해 바빠질 수밖에 없다. 오해를 풀기 위해서는 또다시 시간을 낭비해야 한다.

이 세상을 살면서 자신은 깨닫지 못하지만 의외로 쓸모없는 일로 상당히 많은 시간을 낭비할 때가 많다. 이를 개선하기만 해도 엄청난 효율을 얻을 수 있다. 항상 사소한 일이라도 쓸데없는 낭비를 줄이자는 의식이 있다면 시간은 자연히 생겨나기 마련이다.

무언가 시작할 생각이라면 다른 무언가 하나를 그만두어라

매일 출근시간이나 점심시간, 퇴근시간을 이용하여 책을 읽고 공부하려고 마음먹었다면 지금까지 계속해 온 좋아하는 일 중에 한두 가지는 그만두어야 한다. 아무런 희생 없이 공부하고자 한다면 그건 너무 뻔뻔한 생각이다.

나도 학창시절부터 좋아하는 게 몇 가지 있다. 첫째는 슬롯머신이다. 그저 작은 구멍에 구슬을 넣으며 즐기는 일로 머릿속을 하얗게 비울 수가 있어서 스트레스 해소에는 그만이다. 직장인이 되어도 계속하고 있다. 그러나 공부하려고 마음먹었을 때 가장 먼저 그만둔 것도 슬롯머신이었다. 시간이 나면 차라리 책을 읽자는 생각이 들었기 때문이다.

또 한 가지는 프로야구 응원이다. 영업사원 시절, 야구광팬인 고객과의 대화가 너무 재미있었던 탓에 야구에 열중했었다. 좋아하는 선수의 타율이나 방어율은 모두 머릿속에 넣고 다녔다. 하지만 내가 아무리 응원해도 좋아하는 구단의 우승과는 전혀 상관없다는 생각이 들어 이것도 그만두었다.

또, 입사한 지 얼마 안 되어서 골프를 시작했다. 처음에는 골프에 빠져서 주말마다 골프장으로 향했지만 얼마 안 가서 골프도 그만두었다. 그러나 공부하기 위해 내가 좋아하는 모든 취미생활을 그만둔 건 아니다. 그러면 오히려 숨이 막혀서 공부도 제대로 되지 않고 오래가지도 않는다. 금욕생활을 한 건 아니라는 말이다. 그만둘 수 있는 걸 그만두었을 뿐이다. 사실 지금도 그만두지 않은 게 있다.

앞에서도 이야기했지만 한 달에 세 번 정도 고정멤버들과 트럼프를 하고 있다. 그리고 술자리 역시…. 나처럼 그만둘 수 있는 것만 그만두어도 충분히 시간을 만들 수 있다.

시간엄수로 '자기 시간'을 컨트롤한다

출근시간은 물론 회의시간이나 고객과의 약속시간을 지키는 건 직장인, 아니 사회인으로서의 기본 상식이다. 그래도 늘 한두 명은 지각한다. 그럴 때마다 "회사를 나오려고 하는데 급한 전화가 걸려 와서", "서류를 깜박해서 다시 가지러 가느라"고 라며 능숙하게 변명을 늘어놓는 데는 감탄이 절로 나온다.

솔직히 이런 사람 중에 일을 잘하는 사람은 절대로 없다. 시간을 지키지 못한다는 건 스스로 시간관리를 제대로 못한다는 사실을 공공연하게 드러내는 것과 같다. 시간엄수는 비즈니스 세계에만 통하는 이야기는 아니다. 친구와 술 마실 약속을 하거나 어디 놀러 갈 때도 반드시 시간은 지켜야 한다.

만일 '어차피 회사 일이 아니니까' 하고 편한 마음으로 지각한 사람이 있다고 하자. 그를 지켜보던 사람도 '그렇다면 나도' 하고 덩달아 지각할 것이다. 이렇게 되면 굳이 약속시간을 정한 의미가 없다.

'언제 오는 걸까' 하고 초조하게 기다리는 동안만큼 아까운 시간은 없다. 일을 잘 하는 사람은 시간을 철저하게 잘 지킨다. 시간을 잘 지키는 비결은 여유를 갖고 행동하는 것이다.

예를 들어, 거래처와 오후 첫 약속이 있다고 하자. 이때 점심을 먹고 나서 이동할지, 아니면 우선 거래처가 있는 근처까지 가서 식사를 할지 결정해야 한다. 나는 당연히 후자를 선택한다. 왜냐하면 아직 여유가 있다고 해도 언제 교통문제가 생길지 알 수 없기 때문이다. 시간을 지키는 일은 자신을 관리하는 것이다. 그리고 자신의 시간을 소중히 하는 것이기도 하다.

☑ 휴대전화로부터 '자기 시간' 을 지키는 법

직장인의 필수 아이템은 휴대전화다. 음악을 다운로드하고 텔레비전도 볼 수 있는 요즘 휴대전화의 진화를 보면 그저 놀랍기만하다. 전파가 닿는 곳이라면 어디에서나 통화할 수 있고, 이동 중에도 상대와 이야기할 수 있는 무척 편리한 물건이다. 나도 사용 초기에는 그렇게 생각했다. 하지만 언젠가부터 의외로 골칫덩이라는 생각이 들기 시작했다.

원래 전화란, 상대의 사정을 고려하지 않고 걸려온다. 걸려오면 누군지 몰라도 일단 통화를 할 수밖에 없다. 사람이 찾아오는 것보다 전화가 우선이 되는 세상이다. 특히 휴대전화는 외출 중이거나 이동 중이라는 전제하에 걸려오는 게 보통이다.

"지금 통화 괜찮으세요?" 하고 우선 상대가 통화할 수 있는 상황인지 묻는 건 당연하다. 그게 예의다. 반대로 한창 회의 중에 걸려온 휴대전화를 아무렇지도 않게 받는 사람이 있는데, '어쩌면 저렇게 상식이 없는 행동을 할까?' 하고 얄미운 생각에 한마디 해주고 싶을 때가 있다.

나는 회의 중에 전화가 걸려오면 우선 누구인지를 확인하고 긴급한 상황이 아니라고 판단되면 바로 받지 않는다. 하지만 30분 후에는 반드시 전화를 건다. 이런 상황이 몇 번 반복되면, '저 사람은 전화 걸면 금방 받지는 않지만 반드시 다시 전화를 걸어줄 거야' 하고 은연중에 알게 된다.

즉, 휴대전화를 사용하더라도 결코 휴대전화에 끌려 다니지는 말라는 것이다. 이런 방법을 몸에 익히면 자신의 소중한 시간을 휴대전화로부터 방해받지 않는다. 다만 이건 어디까지나 친한 사람들에게 해당된다.

제3장

지금까지의 공부법은 모두 버려라

고정관념으로
부터의
탈피

How to Study

☑ 버리는 용기를 가져라

직장인의 공부는 수험준비나 자격증을 취득하기 위한 것이 아니다. 공부방법도 지금까지와는 전혀 달라진다. 독서방법도 그 중의 하나다.

당신은 책을 읽을 때 아마 첫 페이지부터 읽기 시작할 것이다. 그리고 읽기 시작한 이상은 마지막까지 읽어야 한다고 생각하고 있지는 않은가? 그러나 나는 오히려 지금까지의 방법은 모두 버리라고 말하고 싶다. 왜냐하면 시험에서 합격점을 받기 위해 공부하는 게 아니기 때문이다.

나는 주로 경제학 책이나 비즈니스 관련 도서, 역사책, 고전

(논어 등)을 읽는데, 때로는 소설 등도 읽는다. 그러나 소설을 제외하고는 절대로 첫 페이지부터 마지막까지 읽지 않는다. 우선 목차를 보면서 지금 가장 필요로 하는 부분과 알고 싶은 부분을 몇 가지 확인한 후에 그곳부터 읽기 시작한다.

그러다 보니 책 한 권을 사더라도 달랑 2~3페이지만 읽고 끝낼 때도 종종 있다. 하지만 그것으로 충분하다. 나머지 부분은 버린다. 말하자면 필요한 곳만 골라 읽는 것이다. 성과를 얻기 위해 책을 읽을 때의 요점은 '버리는 용기'를 갖는 것이다.

하지만 사람들 대부분은 내가 이렇게 말하면 "그건 너무 아깝지 않아요?", "심혈을 기울여 쓴 작가에게 너무 실례가 아닌가요?" 하고 반론을 펼지도 모른다. 나 역시 그 점에 대해서는 충분히 이해한다.

어렸을 때부터 식사시간이면 부모님에게, "쌀은 농부들이 고생해서 수확한 것이니 마지막 한 톨도 남기지 말고 전부 먹어라"라고 교육받은 사람도 꽤 많을 것이다.

독서도 마찬가지로 처음부터 마지막까지 읽지 않으면 좀 아깝다는 심리가 어딘가에 있을 것이다. 그러나 매일 일에 쫓기는 직장인들에게 자신만의 자유시간은 극히 한정되어 있다. 자기계발을 위해 그 귀중한 시간을 이용하여 책을 읽는다. 그저 책 한 권을 다 읽었다는 만족감을 맛보는 것만으로는 아무런 의미가 없다.

독서를 좋아하고, 독서가 자신의 취미인 사람은 그렇게 해도 상관없다. 그러나 책에서 얻은 지식과 노하우를 일하면서 활용하고, 자신을 향상시키려는 목표가 있다면 그 방법을 바꿀 필요가 있다. 자신에게 주어진 시간을 보다 유효하게 사용한다는 건 다시 말해서 '시간을 산다' 는 것과 같다. 그래서 나는 이 방법을 택한다.

"읽지 않은 몇 십 페이지가 아까운가요? 아니면 시간이 아까운가요?"

누가 이렇게 묻는다면 난 망설임 없이 시간이 아깝다고 대답할 것이다.

목적의식을 갖고 책을 읽어라

나는 책을 펼칠 때면 '오늘은 이런 점을 체크해야지' 하고 내 나름대로 미리 주제를 정하고 읽는다. 내가 부족한 점이나 약점도 그 중의 하나다. 항상 책을 통해 자기 분석을 한다.

이미 터득한 점은 체크 대상에서 제외되고, 부족한 부분은 일일이 표시하며 읽는다. 자신의 약한 부분을 찾는 작업은 솔직히 기분 좋은 일은 아니다. 그런데 왜 그렇게 해야만 하는 걸까?

나는 지금 회사를 움직이는 위치에 있다. 더구나 효과적으로 움직일 필요가 있다. 그러기 위해서는 부하직원들의 협력이 무엇보다 중요하다. 신뢰 받을 수 있는 상사가 되어야만 부하직원들도 움직일 수 있다. 일을 하더라도 시간만 낭비한다면 일에 대한 평가를 제대로 받지 못한다. 자신에게도 커다란 마이너스가 된다.

그렇다면 차라리 자신의 결점을 직시하고 수정해야 한다. 일의 효율이 오르면 평가에도 영향을 미친다. 그뿐만 아니라 스스로 자신이 사용할 수 있는 시간도 늘어난다. 이렇게 해서 생긴 시간에 자기계발을 위한 공부를 하면 된다.

주위 사람들은 당신의 단점을 좀처럼 지적해주지 않는다. '남의 행동을 보고 자신을 반성하여 결점을 고쳐라'는 말이 있다. 아무리 시간이 흘러도 스스로 깨닫지 못한다면 방법이 없다. 알아차렸을 때는 이미 늦었을지도 모른다.

그러나 사람은 제멋대로라서 아무리 자신의 단점을 고치려고 노력해도, 정곡을 찌르면 금방 '아냐, 그렇지 않아' 하고 자신도 모르게 거부반응을 일으킨다. 단점을 고치려고 노력해야 하지만 무시한 채 앞만 보고 나아갈 때가 많다. 나도 한때는 그랬다.

그러나 책을 보면서 다시 한 번 똑같은 부분이 나오면 조금은 느끼는 것이 있을 것이다. 그리고 다른 책을 읽으며 또다시 같은 느낌의 내용을 발견하면 그때는 스스로도 인정할 수밖에 없다. 커다란 진보다. 그저 무작정 책을 읽는 것보다 한 가지 목표를 세우고 책을 읽으면 그것만으로도 성과를 얻을 수 있다. 그렇게 해서 얻은 노하우를 일하는 현장에서 활용한다.

나는 연수에 자주 참가했다. 참가한 대부분의 사람들은 강사가 말하는 내용을 놓치지 않으려고 열심히 노트에 메모했다. 그러나 나는 그 내용을 일반론이 아니라 모두 내 자신에게 해당되는 내용이라고 생각하며 들었다. 장점, 단점, 혹은 이미 충분한 점, 아직 부족한 점, 개선해야 할 점 등을 생각했다. 따라서 강사의 이야기를 하나부터 열까지 모두 기억할 필요가 없었다.

이런 의식을 갖고 책을 읽고 남의 이야기에 귀를 기울이면 확실하게 자신의 실력은 좋아진다. 그러기 위해서는 우선 확실한 자신의 목표를 정해야 한다.

왜 그럴까? 하고 늘 생각하는 사람이 되라

세계적으로 유명한 도요타자동차는 개선의 첫걸음이 '왜 그럴까?' 하고 다섯 번 반복하는 것부터 시작한다고 사원들에게 철저하게 교육시킨다. 맨 먼저 왜 그럴까 하고 생각한다는 건 굉장히 중요한 일이다.

얼마 전에 이런 일이 있었다. 회사 연수에 참관인으로 출석했을 때 강사에게 들은 이야기다. 어떤 사람이 갑자기 배가 아팠다고 한다. 배가 아프면 일반적으로 소화제나 위장약을 먹는 게 당연한 해결책이다. 하지만 좀 더 구체적으로 물었다.

"어디가 어떻게 아프세요?"

"실은 어제 좀 과음했거든요."

술이 원인이라면 음주를 그만두면 된다. 그러나 왜 그렇게 과음했는지 다시 물어보았다.

"요즘 상사랑 계속 부딪쳐서 스트레스가 쌓여 있었거든요. 그러다 보니 자꾸 술의 양이 늘더군요"라고 그가 대답했다. "왜 상사와 사이가 안 좋은가요?"라고 재차 물었다.

"상사가 내 제안을 무시하고 들어주지 않아서요."

이때 복통을 일으킨 원인을 '왜?' 하고 반복해서 찾은 결과, 상사가 자신의 이야기를 들어주지 않는다는 문제점에 도달했다. 그렇다면 그 근본적인 원인, 즉 왜 상사가 자신의 이야기를 들어주지 않는지 그 이유만 찾아낸다면 문제는 해결할 수 있다.

진정한 해결책은 과음을 못하게 막는 것보다 근본원인을 찾아서 그 문제를 해결하는 것이다. 그렇게 하면 더 이상 문제는 재발하지 않는다. 특정한 일이 좀처럼 잘 풀리지 않을 때 '왜 그럴까?' 하고 맨 먼저 그 원인을 생각해보는 것이 중요하다.

좀 더 깊이 생각해보면 지금까지는 알지 못했던 새로운 것을 몇 가지 발견할 것이다.

예를 들어, 발명가라고 불리는 사람들은 어떨까? 현재 상황에 만족하는 사람은 없을 것이다. 지금 상황에 만족을 못하기 때문에 문제점을 찾는다. 그 문제점을 해결만 하면 새로운 발명품을 만들어낼 수 있다.

'왜 이런 물건이 없을까?', '왜 이런 물건이 만들어졌을까?' 라는 의문이 쌓이고 쌓여서 문제점을 발견함으로써 지금까지는 없었던 물건이나 새로운 기술을 만들어 낸다.

'왜일까?'

'왜 그럴까?'

항상 자신의 머릿속에서 생각함으로써 진정으로 개선할 힘이나 기획력과 발상의 힘, 창조력이 생겨난다.

대충이라도 전체의 흐름과 구조를 파악하라

‘나무를 보지 말고 숲을 보라’ 는 말이 있다. 작은 것에 시선을 뺏기지 말고 중요한 전체 모습을 파악하라는 이야기다. 자신의 실력을 조금이라도 향상시키고 싶다면 내일부터라도 즉시 도움이 되는 지식이나 구체적인 방법을 익혀야 한다. 그러기 위해서는 지금까지 해 온 공부방법을 버려야 한다.

일본 역사를 예로 들어 보자. 세키가하라 전투는 1600년에 일어났는데 이 전투에서 동군 도쿠가와 이에야스가 이겼다. 서군 이시다 미쓰나리가 패배하게 된 결정적인 계기는 아군이었던 무장 고바야가와 히데아키의 배신이었다고 한다.

그러나 직장인의 공부에서 이런 연도나 그와 관련된 인물의 이름, 고유명사를 일일이 정확히 기억할 필요는 없다. 세키가하라 전투가 1601년에 일어났는지, 1602년이었는지 대충 기억해도 된다. 무장의 이름을 정확히 말하지 못해도 상관없다.

남과 이야기할 때 '그 일을 예로 들고 있구나' 하고 이해만 한다면 서로 이야기는 통할 것이다. 중요한 것은 세키가하라 전투가 어떤 원인으로 일어났으며, 그 당시 어떤 싸움이 벌어졌고, 그 결과는 어떻게 되었는가 하는 점이다. 그리고 그 승패의 향방이 그 후의 일본 역사에 어떠한 영향을 끼쳤으며, 무엇이 변하고 무엇이 남았는지는 알아야 한다는 것이다.

그런 일련의 커다란 흐름을 대충이라도 파악하고 있는지가 중요하다. '거품경제'는 왜 일어났고 그 결과 사회는 어떻게 변했으며, 거품경제의 붕괴로 인해 어떤 심각한 문제들이 발생했는가 하는 것이다. 호황기의 주가의 정확한 수치나 가장 급등했던 땅값은 몰라도 대략적인 내용만 알고 있으면 된다.

경제분석가나 평론가가 되고 싶다면 그런 수치와 고유명사도 정확히 기억할 필요가 있지만 여기서 말하는 공부의 목적은 그것이 아니다. 커다란 흐름을 파악하면 지금 자신이 하고 있는 일이나 업계의 변화도 알 수 있다. '그래, 나는 지금 이런 처지에 놓여있구나' 라고 깨닫는다면 앞으로 무슨 생각을 하고 어떻게 실행에 옮겨야 하는지도 확실해진다.

과거의 흐름을 알면 현재의 상태를 분석할 수도 있고 가까운 미래를 예측할 수도 있다. 그 시점에서 현재 자신이 껴안고 있는 문제를 해결할 노하우나 아이디어도 생겨난다.

어설픈 전문가가 되지 말라!

직장인으로서 자신의 전문분야 외에도 배우고 싶은 지식은 많이 있다. 예를 들어, 어떤 프로젝트를 맡았다고 하자. 성공시키기 위해서는 가장 자신 있는 분야 외에도 넓은 범위에 걸친 지식과 노하우가 필요하다. 그러나 무엇보다 가장 먼저 해야 할 일은 그 프로젝트를 수행하는 것이다. 그리고 어떻게 해서든지 성공시켜야 한다.

그렇다면 자신의 전공이자 자신 있는 분야의 '토대'를 우선 확실히 하여 전력투구하고, 그 이외에는 그 분야 전문가의 힘을 빌려서 실행에 옮기면 된다.

시간이 생기면 서서히 다른 분야에도 손을 뻗어 지식을 넓히려고 한다. 하지만 모든 일을 자기 혼자서 완벽하게 해내려고 하기 때문에 도대체 어디부터 손을 대야 할지 알 수가 없다. 그저 시간만 낭비하다가 결국 도중에 좌절해버리는 최악의 사태를 초래하고 만다.

반대로 지금 길 하나가 있는데 그 길을 비행기가 이착륙할 수 있는 활주로로 만드는 프로젝트를 맡았다고 하자. 그 활주로를 만들려면 우선 땅을 파고 특정한 블록마다 모래와 돌 등을 넣어 기초를 다진 후 마지막으로 그 위에 아스팔트를 깔아야만 한다.

그런데 당신의 전공은 돌을 넣는 것일 뿐 모래나 기타 재료에 관한 지식이나 노하우는 없다고 하자. 이때, 당신이 가장 먼저 해야 할 일은 전공인 돌을 확실하게 특정 블록에 넣는 것이다. 비어있는 블록에는 우선 모래와 기타 재료에 대해 잘 아는 전문가의 힘을 빌려 메우고, 그 위를 덮으면 활주로는 완성된다. 비행기가 이착륙할 때 다소 흔들릴지는 모르지만 별문제는 없을 것이다.

마찬가지로 만일 당신의 전공분야가 영업기관이라면 그 프로젝트에 필요한 경리나 법률에 관한 지식에는 손대지 말고 전문가와 상담하는 게 좋다.

망해가는 기업을 살리려고 할 때 조사해 보면 생산라인에 문제가 있는 경우가 많다. 제품관리가 제대로 되지 않는 등 여러 가지 문제가 나타날 것이다. 그러나 모든 것을 일일이 완벽하게 만들려고 하면 회사를 살릴 수 없다. 우선 그 기업이 영업할 만한 상태로 바꾸어서 조금이라도 이익을 올리게 한다. 그것이야말로 유일한 최대 목표일 것이다.

이를 직장인의 공부와 비교해 보자. 흡수하고 싶은 지식은 산더미 같은데 도대체 어디서부터 손을 대야 좋을지 알 수 없을 때 망설이지 말고 지금 자신에게 가장 필요한 것이 무엇인지를 생각한다.

만일 무엇이 필요한지를 알 수 없다면 우선 좋아하는 분야, 관심 있는 분야부터 시작하는 건 어떨까?

강점은 키우고 약점은 보완한다

학창시절의 공부는 시험에서 좋은 점수를 얻기 위해서였다. 자신의 의지로 실력을 쌓기 위한 목적이 있었던 건 아니다. 직장인에게도 공부는 필요하지만 근본적으로 이 점이 다르다. 그렇다면 자신의 실력을 쌓기 위한 공부란 도대체 무엇일까?

첫째는 일을 하면서 지금 자신에게는 어느 정도의 능력이 있는지 자기 분석을 해본다. 마케팅 분야에서는 전략을 고려한 'SWOT' 라는 분석방법이 자주 이용된다.

전체 부분을 '강점=Strength, 약점=Weakness, 기회=Opportunity, 위협=Threat' 이라는 4가지의 요소로 나누어

분석하는 방법이다. 이를 자신이나 상사, 혹은 부하직원에게 적용해본다. 여기서 말하는 업무상의 약점과 강점이란 구체적으로 결단력, 판단력, 발상, 협조, 지도력, 그리고 교섭력, 클레임의 처리능력, 사기(士氣) 등을 가리킨다.

이 방법은 꽤 효과적이다. 책으로 공부할 때도 항상 자신의 약점을 발견하고 강점을 다시 한 번 재점검한다. 책을 읽으며 어떤 부분은 충분하고 어떤 부분은 약한지 지금의 자신과 비교하면서 읽는다면 지금까지 깨닫지 못했던 몇 가지 사실을 발견할 수 있다. 개선점을 찾으면 어떻게 개선해야 할지를 생각한다.

지금 눈앞에 비즈니스 관련 책 한 권이 있다고 하자. 그 책을 부하직원에게 주면서 처음부터 끝까지 다 읽고 그 안의 내용을 외우라고 지시한다면 효과는 별로 없다는 걸 각오해야 한다. '왜 이런 책을 읽어야만 하는 거야?' 하고 싫은 표정을 지을 게 틀림없다. 왜냐하면 목적이 없기 때문이다.

그러나 처음부터 명확한 주제를 준다면 어떻게 될까?

"이 책을 처음부터 끝까지 읽지 않아도 좋으니까 그 책 속에서 자신의 강점과 약점을 찾아보게."

일반론이라면 그야말로 수많은 강점과 약점을 찾아내겠지만 정작 자신의 경우는 이야기가 달라진다. 지금까지 막연히 읽던 책이라도 눈이 가는 곳이 달라진다. 주제가 확실하면 애매한 대답도 없어진다. 스스로 개선점도 찾아낼 수 있다. 하지만 학생은 아직 비즈니스 현장에서의 경험이 없기 때문에 자신의 강점과 약점을 찾으라고 해도 그게 무엇인지조차 알지 못한다.

신입사원에게 똑같은 주문을 한다면 "당신은 발상이 뛰어나다고 생각합니까?", "결단력은 있습니까?" 하고 구체적인 주제로 바꾸어야 한다.

이처럼 자신의 강점과 약점을 찾을 수 있다면 자신에게 지금 어떤 공부가 필요한지도 확실해진다.

☑ 집중력을 높이려면 어떻게 해야 할까?

효율적으로 업무를 수행하면 자신이 공부할 시간도 자연히 생겨난다. 그러기 위해서는 집중력이 필요하다. 어떻게 하면 집중력을 높일 수 있을까? 사람마다 방법이 다르겠지만 내게는 특별한 비결이 없다.

집중력을 발휘할 수 있을 때 중요한 일을 해야 한다.

나는 점심을 먹으면 금방 졸음이 밀려온다. 과음해서 다음 날까지 숙취로 고생할 때도 있다. 이때는 중요한 일을 하지 않는다. 아무리 강한 의지나 의무감을 갖고 일에 전념하려고 해도 전혀 효율이 오르지 않기 때문이다.

내가 하루 중에 가장 집중할 수 있는 시간은 오전 11시 전후다. 이 시간에 중요한 일이나 결단력이 필요한 일을 처리한다. 점심식사 후의 시간은 대개 졸음이 밀려오기 때문에 그런 시간에는 가능한 한 전화를 하려고 노력한다. 연락해야 할 곳이 있으면 이 시간대에 한꺼번에 처리한다.

이유는 간단하다. 사람과 이야기하다 보면 졸음이 사라지기 때문이다. 따라서 소중한 교섭이나 계약을 해야 할 때는 상대방의 형편만 괜찮으면 오후 1~2시보다는 오전 11시 정도로 약속을 잡는다.

하루 중에 가장 집중할 수 있는 시간이 언제인지는 자신이 가장 잘 알고 있다. 그 시간을 최대한 활용해야 한다. 일을 할 때는 업무에 집중하기 때문에 공부를 못하겠다는 사람이 있다. 그렇다면 귀가해서 책상 앞에 앉으면 집중할 수 있는지 묻고 싶다.

집에 돌아가면 가족도 있을 것이다. 오늘 하루 무슨 일이 있었는지 귀를 기울여야 하고, 텔레비전을 보다 보면 순식간에 시간은 흘러버리고 만다. 정신을 차렸을 때는 이미 공부하려는 마음이 사라진 후다. 집중력을 높이기는커녕 오히려 정신이 산만해진다. 사정이 이렇다면 오히려 통근전철 안에서 훨씬 집중력을 높일 수 있다.

집중력을 높이려면 자기 나름대로 집중력을 발휘할 수 있는 환경이나 시간대를 만들어 내야 한다. 당신이 집중할 수 있는 시간은 언제인지, 어떤 장소와 환경에서 집중할 수 있는지 다시 한 번 생각해보자.

내가 공부하는 곳은 점심시간의 커피숍이나 퇴근 후의 선술집이다. 상식적으로 생각하면 두 곳 모두 일과 상관없이 마음 편히 쉴 수 있는 곳이다. 그러나 점심시간이 내게는 매우 소중한 시간이다. 내게는 이 시간이 가장 집중해서 공부할 수 있는 최고의 황금시간대다.

☑ 점심시간은 훌륭한 공부시간이다

당신은 매일 점심시간을 어떻게 보내고 있는가?

“오늘은 어느 식당에 가서 뭘 먹을까?”

이런 고민을 하면서 직장동료들과 어울려 식사하러 가거나 식후에는 차를 마시고 회사로 돌아온다. 마음이 맞는 동료들과 점심을 먹으면서 이야기를 나누는 이 시간만큼은 아마 하루 중에 가장 즐겁고 편안한 시간일 것이다. 나 역시 전에는 일주일 중에 5일을 그렇게 점심시간을 보냈다.

그렇다면 그 시간에 어떤 화제가 나오는지 떠올려 보자. 늘 같은 멤버라면 내용도 거의 비슷하지 않을까? 그렇다면 전혀 발전이 없다.

정보를 수집하거나 커뮤니케이션을 하고 싶다면 가끔은 다른 부서 직원들과 함께 식사를 하는 게 좋다. 그러면 다른 부서에서는 어떤 일을 추진하고 있으며, 어떤 움직임이 있는지 파악할 수 있다.

그리고 한 걸음 더 나아가 그 시간을 자기계발을 위한 공부시간으로 삼는다. 적어도 일주일에 한 번 정도는 혼자서 식사를 하면서 책을 읽자.

"함께 식사할까요?"라는 권유를 받아도 "오늘은 좀 조사할 게 있어서…"라고 정중하게 거절하면 된다. 물론 바쁜 점심시간에 식당 한구석을 차지하고 앉아서 한 시간가량 책을 읽는다면 주인에게 쫓겨날 게 뻔하다.

이때는 회사 근처의 커피숍을 이용하는 게 좋다. 샌드위치라도 주문해서 커피를 마시며 책을 펼친다. 12시 전에 들어와서 간단한 메뉴를 주문하는 고객이라면 가게주인도 '아, 이 사람은 점심시간을 보내기 위해 왔구나' 하고 이해해줄 것이다. 이 정도면 폐를 끼치지 않고 부담 없이 앉아서 공부할 수 있다. 나 역시 그런 커피숍을 몇 군데 확보해두었다.

오랜 시간 책상 앞에 앉아서 책을 읽는 게 도저히 무리이거나 집중력이 없는 사람도 이 정도의 시간이면 부담이 없다. 하지만 한 시간은 결코 작은 시간이 아니다. 실제로 실천해보면 꽤 많은 공부를 할 수 있는 시간이다. 그런 시간이 쌓이고 쌓여서 생각보다 공부하는 양도 훨씬 많아지면 결국에는 자신에게 좋은 결과를 가져다준다.

술집에서도 공부한다

서류를 읽거나 문서를 작성하는 등 퇴근시간이 훨씬 지났는데도 회사에 남아서 일하는 사람들을 자주 본다. 그렇게 해서 능률이 오른다면 벌써 오래 전에 나도 그런 무리 중의 한 사람이 되었을 것이다. 그러나 나는 그렇게 할 수 없다.

저녁이 되면 우선 배가 고프다. 술도 마시고 싶다. 그래서 퇴근하면 혼자 찾아가는 곳이 작은 선술집이다. 카운터에 앉아 맥주 한 잔으로 목을 축인다. 그러고 나서 간단한 안주를 부탁하고 정종을 마시며 공부한다. 장소를 바꾸면 분위기는 물론 기분도 달라진다.

술을 마시면서 자신의 공부를 한다. 말도 안 된다고 생각할지 모른다. 늦게 귀가하더라도 책상 앞에 앉아 공부하면 된다는 사람도 있을지 모른다. 그러나 나는 선술집에서 가장 집중할 수 있다. 그래서 일주일에 서너 번은 이곳에서 즐기며 공부한다.

원래 공부의 반대가 노는 것이다. 하지만 공부를 하려면 놀면 안 된다는 생각 자체가 이상하다. 직장인의 자유시간은 한정되어 있다. 열심히 일하다보면 당연히 쉬고 싶을 때가 있다. 그런 시간까지 공부하라는 건 무리다. 오래 계속될 리가 없다. 그래서 나는 가장 효율적이며 나에게 맞는 공부장소로 이런 곳을 선택한다. 그리고 내 나름대로 몇 가지 규칙을 정했다.

첫째는 반드시 카운터에 앉는다. 이곳이라면 다소 오래 앉아 있어도 가게주인이 불평하지 않는다. 혼자서 테이블을 점령한 게 아니기 때문에 가게에 폐를 끼치는 것도 아니다. 가게주인이 불편해한다면 술집에서 공부할 자격이 없다.

둘째는 다소 가격이 비싼 요리를 주문한다. '아, 이 사람은 나름대로 배려를 하고 있구나' 하고 나의 마음이 가게 주인에게도 전달된다.

만일 옆자리에 앉은 사람이 말을 걸어와도 “지금 책을 읽고 있는 중이라서요”라고 하면 아마 더 이상 방해하지 않을 것이다. “요즘 읽은 책 중에 재미있는 게 있나요?” 하고 반대로 묻는 방법도 있다.

가게 안은 손님들의 이야기소리로 시끌벅적하고 음악까지 흐른다. “그렇게 시끄러운 곳에서 어떻게 공부해요?” 하고 어이없어하는 사람도 있지만 이런 주위의 소음은 내게는 그저 듣기 좋은 배경음악에 지나지 않는다.

그렇다면 여기와는 전혀 다른 환경인 도서관에서 공부한다면 어떻게 될까?

그곳에 오는 사람들의 목적은 확실하다. 무언가를 조사하거나 혹은 공부하러 온다. 내가 말하는 공부는 이와 다르다.

페이지를 넘기거나 펜이 굴러가는 소리만이 들려오는 조용한 도서관 안. 오히려 숨 막히지 않을까? 책을 펼치는 것 자체가 마치 의무인양 시간에 쫓기는 듯한 기분마저 든다. 이런 분위기 속에서는 공부도 오래 할 수 없다.

원래 나는 내 의지대로 공부한다. 누군가에게 강요당하거나 자격을 취득하기 위해 책을 읽는 게 아니다. 자신의 능력을 키운다는 목적이 있기 때문이다. 그래서 내게 가장 효율적으로 집중할 수 있는 장소를 선택했으며 그 중의 하나가 술집일 뿐이다. 물론 이런 장소를 선택해서 공부하려면 돈이 들지만 이 정도는 자신에 대한 투자라고 생각한다.

최소한 1분이라도 가방에 든 자료와 서류를 읽어라

가방 안에 서류나 자료를 잔뜩 집어넣고 다니는 직장인을 자주 본다. 도대체 그 안에 무엇이 들어있을까? 그런 사람을 볼 때마다 어깨가 심하게 결리거나 팔이 아프지 않을까 하는 생각을 한다.

필요하기 때문에 항상 갖고 다니고 싶은 마음은 이해한다. 그러나 그 서류와 자료를 정말로 읽고 있을까? 그저 언제, 어디에서든지 볼 수 있다는 생각에 마냥 들고만 다니는 건 아닐까?

한 번도 읽지 않은 채 거래처와 회사는 물론 집까지 들고 다닌 경험이 누구에게나 있을 것이다. 그렇다면 그저 종이뭉치를

무겁게 들고 다닌 것에 불과하다. 그래서 지쳐버렸다면 도대체 무엇을 위해 들고 다녔는가? 가방에 넣은 서류나 자료는 읽는다는 전제로 들고 다닌다. 그렇다면 짬을 내어 반드시 읽는 습관을 들여야 한다.

이동 중인 전철 안도 좋다. 주문한 점심이 나올 때까지 그 짧은 자투리 시간이라도 상관없다. 어쨌든 한 번은 읽는 게 중요하다. 5분, 10분이라도 좋다. 잠깐 틈이 나면 가방 안에서 서류와 자료를 꺼내 읽어보자.

같은 서류나 자료라도 책상 앞에 앉아서 천천히 읽는 것보다 오히려 자투리 시간을 이용하여 몇 번 읽는 편이 새로운 발견이나 발상에 유익하다.

'어, 이런 내용이 적혀 있었구나.'

지금까지 알아차리지 못했던 사항이나 읽으면서 놓쳤던 부분을 발견하는 것도 바로 이때다. 어쩌면 고민을 해결해줄 실마리가 될지도 모른다. 즉, 잠깐이라도 시간을 내어 늘 들고 다니는 서류와 자료를 반복해서 읽는 습관을 갖는 것이 중요하다.

지인 중에 소설가 지망생인 젊은이가 있다. 아르바이트를 하면서 언젠가는 소설가가 되겠다는 꿈을 꾸고 있다.

"아무리 피곤해도 매일 글을 쓰고 있어요. 설령 한 페이지라도 반드시 쓰고 있어요"라는 그의 이야기를 듣고 감탄한 적이 있다. 매일 스스로 정한 규칙을 실행에 옮기고 꾸준히 한다는 건 대단한 일이다.

시간이 없는 것이 아니다. 하루 중에 자투리 시간은 얼마든지 있다. 당신도 가방 안에 서류를 넣고 다닌다면 지금 당장 꺼내서 읽어보자.

자신의 스승이 될 만한 사람을 찾아라

정해진 시간 안에서 공부하고자 한다면 우선 자신이 본보기로 삶을 수 있는 스승을 찾아야 한다. 주위를 돌아보면 그런 상사는 반드시 있다. 항상 공부하며 자기계발에 힘쓰는 강한 사람, 이야기를 하거나 설명하는 걸 좋아하고 게다가 자신의 이야기를 진지하게 들어주고 자신의 질문에도 성의껏 대답해주는 그런 상사를 찾는다.

그런 사람에게 다가가서 공부한다. 가르쳐주는 걸 좋아하는 사람이라면 기분 좋게 이야기해 줄 것이다.

내게도 스승이라고 부를 수 있는, 존경할 만한 사람이 있다.

지금까지 소중한 것을 많이 가르쳐주었다. 전 상사였던 시마다 세이치(島田精一, 미쓰이물산 전 부사장, 일본 유니시스 전 사장, 주택금융공고현 현 총재) 씨다.

스승으로 모시게 된 계기는 시마다 씨가 미쓰이물산을 그만둘 때 그를 따르는 동료들이 모여 송별회를 열었을 때였다. 당시 나는 이미 미쓰이물산을 그만두고 다른 회사에서 일을 시작했지만 송별회 이야기를 듣고 만사를 제쳐두고 달려갔다.

그 송별회에서 시마다 씨는 우리가 일을 하면서 꼭 필요한 이야기를 해주었다. 아무리 송별회라고는 하지만 이대로 끝내기에는 너무나 아쉬웠다. 그래서 나는 이 모임을 1년에 두 번 정도 열자고 제안했다.

이를 계기로 시마다 씨를 중심으로 한 모임이 시작되었고 벌써 몇 년이 흘렀다. 시마다 씨가 이야기를 할 때는 반드시 참가한 누군가가 메모를 했다. 그리고 메모에 키워드를 적어 정리한 내용을 다음 날 참가자 전원에게 보낸다. 송별회를 계기로 만들어진 모임은 스터디의 성격이 강했다.

'일은 가르침을 받으려 하지 말고 훔쳐라.'

'선배의 등을 보고 배워라.'

이 말은 오래 전부터 들었지만 정말로 필요한 지식을 흡수하여 내 것으로 만들기 위해서는 이처럼 훌륭한 스승을 찾는 것이 가장 빠른 지름길이다.

제4장

일할 때가 가장 좋은 공부시간이다

근무시간을
최대한
활용하자

How to Study

책을 한 권 읽고 그 노하우를 실천하라

하루 중에 많은 시간을 회사에서 보내는 직장인은 업무처리만으로도 힘들다. 그래서 자기계발을 위한 시간은 도저히 낼 수 없다고 생각한다면 지금 당장 그 생각을 바꿔라. 일을 하는 시간에도 배울 것은 얼마든지 있다. 일할 때야말로 최고의 공부시간이라 할 수 있다. 일하는 게 싫다? 하고 싶지 않다? 당신은 회사에서 일하는 대가로 월급을 받는다. 그런 의식이 조금이라도 있다면 일을 하는 시간은 고통 그 자체일 것이다. 자기계발을 위해 공부하고자 하는 의욕이 생길 리 없다.

일은 자기계발을 위해 회사가 당신에게 준 최고의 기회다. 자신을 한 단계 업그레이드 할 수 있는 자기계발의 장소가 회사라고 생각하자. 그런 의식을 가져야만 일을 통해 많은 것을 배울 수 있다.

그렇다면 일을 하면서 배운다는 건 무엇을 말하는가? 공부하려고 할 때는 책을 읽는 동안에 '아, 그런 거구나', '이럴 때는 이렇게 하면 되는구나' 하고 자신의 경험과 비교하면 여러 가지를 얻을 수 있다. 그런 순간을 소중히 해야 한다. 이때야말로 책에서 배운 것을 실천으로 옮길 수 있는 좋은 기회다.

가끔 책을 몇 권이나 읽고 지식을 모두 흡수한 후에야 자신이 배운 노하우를 회사에서 실천하려는 사람이 있다. 그러나 오랜 시간을 투자한 후에 배운 지식을 실천에 옮기는 건 어렵다. 지식이나 노하우를 배우면 곧바로 실천에 옮겨서 효과를 올려야만 직장인의 공부로써 의미가 있기 때문이다.

지금 비즈니스 서적을 읽고 있다면 머릿속을 반으로 나누어서 읽어라. 머릿속의 반은 책에 쓰여 있는 내용이나 요점을 파악하고, 남은 반으로는 현재 하고 있는 일이나 회사에서 일어나는 일을 떠올리며 서로 비교하면서 읽는다. 이는 극히 실천적인 방법으로 상당히 효과적이다. '아, 이 부분은 이런 형태로 업무에 적용하면 되겠구나' 하고 자신도 놀랄 만한 비결을 여러 가지 발견할 수 있다. 이렇게 해서 얻은 지식이나 노하우는 내일부터라도 당장 도움이 된다.

예를 들어, 회사 업무방침을 바꿔야만 한다면 그와 관련된 내용을 발견했을 때, 그 페이지를 접거나 '업무방침'이라고 적어둔다. 그렇게 하면 나중에 다시 읽었을 때 왜 자신이 그 내용에 관심을 가졌는지 금방 알 수 있다.

같은 책이라도 머릿속에 들어있는 문제점이 바뀌면 확인해야 할 부분도 당연히 달라진다. 또한 책을 한 번 읽기 시작하면 필요한 부분은 끝까지 읽어야 한다. 다 읽은 책도 메모해둔 부분을 찾아서 몇 번씩 복습한다. 그때 가장 도움이 되는 것이 처음에 읽었을 때 접어놓은 부분이나 메모해둔 부분이다. 그 부분을 정리해서 주제와 키워드별로 분류해서 옮겨 적는다. 이를 위해 항상 시간을 만들도록 노력한다.

일의 효율을 높이면 자신만의 시간을 만들 수 있다

누구나 주위에서 칭찬받는 사람이 되고 싶어 한다.

그러나 주어진 일이나 눈앞에 있는 일에만 급급하면 그런 이상(理想)에는 다가설 수 없다. 일은 가능한 신속하게 처리해야 한다. 1시간 걸리는 일이라면 45분 만에 끝내버린다. 그러면 15분의 여유가 생긴다. 그 시간을 자신의 공부를 위해 사용한다. 그러면 현재 하고 있는 일을 더 깊이 이해할 수 있다.

한 번 이해해서 기억해버리면 되풀이할 필요가 없다. 그 다음은 다른 분야로 차츰 넓혀가면 된다. 그렇게 하면 놀랄 정도의 지식과 노하우가 자연스럽게 축적이 된다.

예를 들어, 지금 진행하는 일과 관련하여 법률로는 어떻게 정해져 있다는 부분이 나왔다고 하자. 그러면 어떻게 해야 한다는 걸 알 수 있다. 그러나 그것으로 끝나지 않고 시간이 날 때마다 한 번은 『육법전서』를 펼치고 그 법률 조항을 읽어본다. 읽었을 때와 읽지 않았을 때는 커다란 차이가 있다. 대충이라도 조항을 읽어두면 왜 그렇게 해야 하는지도 이해할 수 있다. 남에게 설명하거나 가르칠 때도 설득력이 생기고, 자신감을 갖고 대처할 수 있다.

물론 이런 일은 회사가 의무로 정한 것은 아니다. 만일 자신의 월급이 정해져 있다면 그 대가만큼 일을 해내면 된다. 그러나 그렇게 하다가는 아무리 시간이 흘러도 자신을 업그레이드 시킬 수가 없다. 평가로 이어지지도 않는다.

시간은 자연히 생겨나는 것이 아니다. 스스로 궁리해서 만들어 내야 한다. 그러기 위해서는 제일 먼저 일의 효율을 올릴 필요가 있다.

우선 자신의 회사에서 배워라

기업에는 큰 방침이 있고 각 부서에도 방침이 있다. 그것을 이해하면 자신의 목표도 선명해진다. 우량기업 중에는 모든 사원이 이런 방침을 이해하는 곳도 있다.

당신의 회사는 어떤가? 당신은 자신이 근무하는 회사에 대해 어느 정도 알고 있는가?

나는 젊었을 때 몇 번이나 연수에 참가했다. 어느 날 그곳에서 이런 질문을 받았다.

"당신 회사는 어떤 방침을 갖고 있습니까? 알고 있는 분은 손을 들어주세요."

"글쎄요."

참가자들은 모두 옆사람의 얼굴만 바라볼 뿐 아무도 손을 들지 않았다. 참가자들은 무척 당황스러워했다.

자신이 근무하는 회사의 방침이 무엇인지, 직장인들 대부분은 알지 못한다. 이는 단지 신입사원에만 해당되는 이야기는 아니다. 중간관리자조차도 모르는 경우가 대부분이다.

라이벌 회사와 거래처에 대해서는 인터넷을 이용해서 조사하면 어느 정도의 정보는 금방 얻을 수 있다. 그런데 막상 자신의 회사는 홈페이지조차 거들떠보지 않는다. 자신이 근무하는 회사에 대해서 당연히 알고 있다고 호언장담하는 사람일수록 아무것도 모를 때가 많다.

이렇게 해서는 라이벌 회사와의 경쟁에서 이길 수가 없다. 일의 효율이 오를 리가 없다. 회사라는 조직은 피라미드에서 정점가까이에 있는 사람들이 자사의 실태나 방침을 파악하고 있다. 따라서 자신은 평사원이기 때문에 그런 윗사람들의 생각은 몰라도 된다고 생각하는 건 큰 실수다.

자신의 회사가 지금 어떤 방향으로 향하고 있는지, 어떤 방침을 세우고 있는지, 매출과 이익의 추이는 어떠한지, 부서별로 무엇을 하고 있는지 정도는 알고 있어야 한다. 자신이 커다란 삼각형 안의 어떤 위치에 있든지, 비록 전체에서도 아주 작은 부분이라는 생각이 들더라도 넓은 시야로 회사 전체의 일을 이해하는 것이 중요하다.

특히 신입사원이라면 배워야 할 일이 산더미이다. 전 사원이 '내가 근무하는 회사는 이렇고, 지금 이런 방향으로 향하고 있다' 라고 이야기할 수 있어야 한다. 그러면 도대체 자신은 무엇을 위해 그 일을 하고 있으며, 자신은 지금 어떤 위치에 있는지도 알 수 있다. 목적이 명확해지기 때문이다.

그렇게 함으로써 회사에 공헌할 수 있고 스스로를 업그레이드 시킬 수 있다. 회사는 공헌하기 때문에 당신을 평가해주는 것이다. 주어진 일만 해도 된다고 생각한다면 오로지 그 일만이 목표가 되고 만다. 그건 회사에 공헌한다고 할 수가 없다.

만약, 지금 상사로부터 어떤 서류를 작성해서 올리라는 지시를 받았다고 하자. 그러면 그 서류는 왜 필요하며 업무에서 어떤 의미를 가지는지, 누가 그것을 읽는지에 대해서도 알고 있어야 한다. 전체를 알고 그 중에서 자신에게 주어진 일의 의의를 파악해두면 단순히 서류만 작성하는 것이 아니라는 걸 알 수 있다.

'이 부분은 더욱 강조해서 진한 글씨로 써야지.'

'이 부분은 끝을 접어두자.'

'이 부분에는 자세한 숫자를 덧붙여야지.'

이러한 생각을 하게 된다. 또한, 이해할 수 없는 일이 생기면 상사에게 제안할 수도 있다.

'왜 이 서류를 작성해야 합니까?'

'아무도 이 서류를 보지 않습니다.'

'그보다 이 일을 먼저 해야 하지 않을까요?'

거래처에서 배워라

거래처에서 무언가를 배운다는 건 어려울지 모르지만 그 첫 걸음은 겸허한 마음으로 상대와 만나는 것이다. 자사와 거래처 사이에는 개인적인 감정을 제외한 힘의 관계나 눈에 보이지 않는 '벽'이 있다. 왜 거래를 개시하게 되었으며, 그 후 지금까지 어떤 거래를 계속하고 있는지, 거래처와의 사이에는 다양한 경위가 있다.

당신이 거래처와 교섭할 때, 상대가 상당히 낮은 자세를 취하거나 혹은 고압적인 태도로 나오는지 의아할 때가 있었을 것이다. 낮은 자세라고는 하나 상사가 자신의 부하직원에게 대하는 것과는 다르다. 거래관계에 있는 사람들 사이에는 그들 나름대로의 이유와 배경이 있다. 그런 경위와 배경을 우선 파악하는 것이 중요하다.

예를 들어, 한 거래처와 거래를 계속해 왔다고 하자. 그런데 그 회사가 파산할 경우 자신도 쓰러진다는 사실을 배운다면 비즈니스상의 서로의 위치도 정확히 알 수 있다. 항상 상대가 자신을 어떻게 보고 있는지도 이해할 수 있다.

거래처가 있어야 자신도 있다는 것을 안다면 교섭방법도 변하고 일의 능률도 오른다. 이런 배경이 있다면 상대가 기뻐해줄 정보만을 주면 된다. 그것을 중심으로 초점을 잡아서 교섭하면 성공할 확률은 꽤 높아진다.

선배의 가르침이 큰 도움이 된다

선배 중에는 솔직히 '저렇게 되고 싶지 않다' 라는 사람도 있을 것이다. 물론 그런 선배에게 배우라는 것이 아니다. 일을 잘하는 선배에게 자신이 일을 하면서 개선해야 할 점을 제대로 배워야 한다.

내게도 그런 선배가 몇 분 있었다. 선배에게 배운 일이 나중에 꿈에도 생각지 못한 성과를 얻는 데 크게 한몫했다. 입사한 지 2년, 그 당시 나는 어떤 재료를 미국에서 수입해서 가공하여 국내에 판매하는 업무를 담당하고 있었다. 그러나 이 분야는 좀처럼 이익이 나지 않는 상태였다. 그래서 선배로부터 '무조건 이익을 창출하라' 는 지시를 받았다.

재료는 일반적으로 배로 운반해 와서 항구에 쌓았다. 그래서 나는 우선 뱃삯과 짐을 내리는데 드는 비용에 눈을 돌렸다. 뱃삯을 깎느라 교섭을 하고, 하역하는 사람들의 인건비를 내리고, 트럭 운임 인하에도 성공했다. 그러자 금방 이익이 나기 시작했다.

'뭐야, 하면 되잖아.'

나는 너무 기쁜 나머지 즉시 선배에게 보고하러 갔다. 그런데 그 선배는 칭찬은커녕 오히려 화를 냈다. 영문을 몰라 어안이 벙벙한 내게 선배는 이렇게 말했다.

"너의 방법이란 게 고작 약자를 괴롭혀서 이익을 얻는 거였어? 방향이 틀리잖아!"

약자를 괴롭힌다는 건 내가 하역인부들의 임금이나 트럭 운송비를 깎은 것을 말했다. 선배는 이익을 내기 위해 약자들만 쥐어짠 내 행동에 대해 화를 낸 것이다.

"왜 제일 먼저 거래처를 찾아가서 가공한 제품의 가격인상 흥정을 하지 않는 거지? 그게 바로 자네가 할 일이야."

결국 일을 다시 처리하라는 지시를 받았다. 약자에게는 누구든지 강하게 밀어붙일 수 있다. 하지만 강자와 교섭해서 성공하는 것이 더 중요하다. 선배에게 배운 소중한 가르침이었다. 그 이후 나는 부하직원과 상사, 둘 중에 클레임을 걸어야 할 때는 전혀 망설이지 않고 부하직원이라는 약자가 아닌 상사에게 향한다.

그때 나는 언젠가 그 선배처럼 되고 싶다고 생각했다. 그런 마음이 지금도 남아 있다. 나는 부하직원에게 신뢰받는 상사가 되고 싶어서 자기계발을 위한 공부를 계속하고 있다.

또한, 젊은 시절, 선배의 가르침이 내게 매우 소중한 '재산'이 된 적이 있다.

전 직장에서 컴퓨터를 구입하고 독자시스템을 구축했을 때의 일이었다. 이 시스템 덕택에 업무효율도 상당히 향상될 거라며 모두들 기대에 부풀어 있었다. 그러나 막상 시스템을 가동해보니 그전과 별다른 차이가 없었다.

컴퓨터가 처리해야 할 일을 여전히 부하직원들이 하고 있었다. 그래서 업무에 대한 부담은 전혀 줄어들지 않았다. 이건 아무리 생각해도 이상했다. 이 시스템이 전혀 도움이 되지 못한다는 사실을 안 나는 컴퓨터 회사에 클레임을 걸었다.

상대는 큰 대기업의 컴퓨터 회사였다. 더구나 이미 계약이 끝난 후에 다시 교섭한다는 건 절대 무리라고 회사 사람들은 생각하고 있었다. 그러나 내 머릿속에는 예전의 선배가 가르쳐준 '약자를 괴롭히지 말라', '교섭의 상대를 착각하지 말라'는 말이 떠올랐다.

나는 망설임 없이 대기업과 교섭하기로 마음먹었다. 그 당시의 이유는 이러했다.

"이 시스템을 사용하는데도 업무효율이 전혀 오르지 않는 건 사용자인 우리에게도 문제가 있을지 모릅니다. 그 책임이 전체의 80퍼센트를 차지한다면 그건 인정하겠습니다. 하지만 나머지 20퍼센트의 책임은 당신 회사에도 있는 게 아닌가요?"

물론 상대회사도 그런 내 요구를 쉽게 인정할 리가 없었다. 즉시 계약서류를 내밀었다.

"계약은 이와 같이 되어 있고 양방합의하에 계약을 했으며, 이처럼 서명 날인까지 되어있지 않습니까?" 하고 반론을 시작했다.

그러나 그대로 물러섰다가는 고생하는 부하직원들에게 너무 미안했다. 그래서 용기를 내어 그들과 맞서기로 했다.

"그 점에 대해서는 잘 알고 있지만 현실적으로 이런 문제가 발생하고 있지 않습니까?"

생각해보면 참 무모한 도전이었는지도 모르지만 그 당시 나는 전혀 의식하지 않았다. 어쨌든 최선을 다했다. 마지막에는 이런 말까지 하고 말았다.

"당신들은 아마추어를 상대로 적자를 만회하고 있는 건 아닌가요?"

그 결과 상대도 내 주장을 받아들여 계약할 때 지불한 금액 중에서 일부를 되돌려주었다.

'교섭할 상대를 착각하지 말라.'

선배의 가르침이 옳다는 걸 실천할 수 있었던 순간이었다.

부하직원에게 가르침으로써 **부하직원에게 배운다**

설부른 지식으로는 부하직원들을 가르칠 수가 없다.

부하직원을 가르치려면 자신이 확실하게 알고 있어야 가능하다. 이는 자신의 생각을 다시 한 번 이해할 수 있는 절호의 기회이기도 하다. 남에게 무언가를 가르친다는 건 반대로 남에게 무언가를 배운다는 의미이기도 하다. 따라서 부하직원에게 배우는 경우도 적지 않다.

퇴근 후에 부하직원들이 동료들과 어울려 선술집에서 술 마시는 광경을 자주 목격한다. 그들은 모여서 회사에 대한 푸념이나 상사에 대한 불만만 터트리고 있는 건 아니다. 귀를 기울여보면 감탄할 만한 긍정적인 의견이나 건설적인 아이디어를 내놓을 때도 많다. 하지만 말도 안 되는 이유로 그들 이야기에 전혀 귀 기울이지 않는 상사가 의외로 많다는 사실에 놀랐다.

"저 녀석은 참 건방져."

"쳇, 잘난 척하기는."

이렇게 생각하는 상사일수록 그들의 의견을 쉽게 무시한다.

"자네들은 그런 불평이나 늘어놓지 말고 조용히 주어진 일이나 열심히 하게."

상사가 그들의 의견을 존중하지 않는데 그의 말에 부하직원들이 잘 따를 리 없다. 부하직원들에게서 좋은 아이디어도 나오지 않으며, 그들이 어떤 생각으로 일하는지 전혀 이해하지도 못한다. 이는 부하직원이라는 커다란 전력을 스스로 포기하는 것과 같다.

회식자리나 점심시간에 서로 대화할 기회를 만들어서 그들의 이야기에 귀기울이자. 그리고 자신의 생각을 이야기한다.

예를 들어, '회사의 목표는 이렇다, 우리 부서가 현재 해야 할 일은 이것이다, 그렇기 때문에 조금이라도 효율적으로 업무를 처리하고 전속력으로 일에 매달릴 필요가 있다' 라고 항상 부하직원들에게 강조하면 좋은 아이디어를 이끌어낼 수 있다.

이와 동시에 '나는 당신의 힘을 이끌어내고 싶다, 그것이 회사의 공헌으로 이어지며 당신의 실적과 평가로 되돌아온다' 는 사실을 전하는 것도 부하직원들의 실력을 이끌어낼 때의 커다란 노하우가 된다.

동료에게 배우는 스터디모임

회사 내에서 대화하기 편한 상대를 떠올릴 때 우선순위는 입사동기다. 만일 그 중의 몇 사람이 다른 부서에 소속되어 있다면 그들은 당신에게 매우 소중한 정보원이 될 것이다.

다른 부서의 이야기를 들음으로써 회사 전체가 어떻게 돌아가고 있는지 흐름을 알 수 있기 때문이다. 동기와 동료들 사이에 항상 안테나를 높게 세우고 회사 내의 동향을 파악하도록 신경을 쓴다.

또 한 가지, 이처럼 마음이 통하는 동료와 스터디모임을 만들 것을 권한다. 나 역시 지금까지 스터디모임 몇 개를 만들어서 공부를 계속하고 있다. 같은 연령이거나 위아래로 두세 살 정도 나이차가 있는 참가 멤버가 퇴근 후에 술집에 모여 의견을 서로 주고받는다. 선후배가 되면 아무래도 상하관계가 생겨버리기 때문에 조금은 불편하다. 서로 솔직하게 대화를 나눌 생각이라면 역시 동기나 동료가 최고다.

스터디모임은 단순히 정보만 교환하는 장소는 아니다. 자신의 의견을 발표할 수 있는 좋은 기회이기도 하다. 제안 받은 의견에 대해 토론을 거치는 동안에 현재 직면한 문제점이 떠오른다. 그 문제를 공유하면서 해결책에 대한 아이디어도 생겨난다.

스터디모임을 해서 좋은 점도 바로 이 점이다. 이렇게 토론한 문제점을 정리하여 상사에게 제안한다. 다만, 이 스터디모임을 지속하기 위해서는 몇 가지 주의해야 할 점이 있다. 그 점에 대해서 알아보자.

스터디모임은 단순한 오찬모임이 아니다. 물론 평소에 쌓인 불만을 토해내는 장소도 아니다. 처음에 확실히 해두어야 할 점은 목적을 분명히 하는 것이다.

'무엇을 위해?', '무엇을 할 것인가?'

젊은 시절에 만든 스터디모임은 다른 부서와의 정보교환과 주위에 도움을 주는 게 목적이었다. 이런 취지를 참가자 전원이 확실하게 알고 있어야 한다. 동시에 그런 취지를 주위에 알리는 것도 잊어서는 안 된다. 자기계발을 위해 자주적으로 만든 모임일지라도 상사 중에는 여러 부하직원이 모여 정기적으로 모임을 여는 것 자체를 못마땅해 하는 사람도 있기 때문이다.

또, 처음부터 너무 큰 주제를 선택하지 않는다. 우리 회사의 인사방침이라든가, 경영진의 문제 등은 무리하게 언급하지 않는다. 결과가 이미 나와 있고 알기 쉬운 주제를 선택한다. 이 두 가지가 원칙이다. 예를 들면 다음과 같다.

'회사 내에 있는 사물함을 좀 더 효율적으로 사용하자.'

'사무실 안을 깨끗하게 정리해서 업무효율을 높이자.'

이 정도라면 누구라도 즉시 실천할 수 있고, 눈에 보이는 성과를 금방 얻을 수 있다. 스터디모임을 시작하고 나서 시간이 경과하고 조금씩 개선이 되면 좀 더 큰 주제로 옮기는 것도 좋다.

앞에서 말한 스터디모임에서 어쩌다 보니 토론의 주제가 커져서 경영자로서는 좀 받아들이기 힘든 제안이 나온 적이 있다. 멤버들끼리 의논한 결과 그 제안서를 제출하기로 했다. 하지만 모두들 그 스터디모임의 책임자로 이름이 오르는 걸 꺼려했다. 지금 생각해보면 웃음이 나오는 일이다. 결국 책임자명은 쓰지 않고 참가자 10명 전원의 이름을 썼던 기억이 난다.

지금 내가 참가하고 있는 스터디모임은 회사의 젊은 간부들이 한 달에 2회, 점심시간에 모여서 도시락을 먹으며 토론을 한다. 목적은 회사 성장을 위해 문제해결을 위한 창구를 마련하는 것이다.

여기서도 확실히 할 것은 문제해결을 위한 창구이지 의사를 결정하는 장소가 아니라는 점이다. 이렇게 해서 제안된 의견을 정리하여 필요한 부서에 제출한다. 특히 평소에 문제의식이 없는 상사에게는 꽤 효과적인 수단이다. 이런 생각으로 스터디모임을 진행하면 현재 직면한 문제점을 공유할 수가 있고, 어떻게 행동해야 하는지도 재확인할 수 있다.

같은 업종과 다른 업종에서 배운다

잘 알고 있는 것 같지만 사실은 잘 모를 때가 종종 있다. 그중의 하나가 같은 업종에 근무하는 사람들이다. 같은 업계에 오래 있다 보면 그들과의 접촉도 많아진다.

A사의 B씨라면 옛날부터 잘 알고 있다. 몇 번이나 이야기한 적도 있고 함께 술 마시러 간 적도 있다. 그러나 B씨를 알고 있거나 그 외의 사람들과 친해도 라이벌관계에 있는 A사에 대해 잘 알고 있다고는 할 수 없다. 알고 있다고 생각하기 때문에 실수가 생긴다.

당신은 같은 업종의 회사 홈페이지를 보고 항상 확인하는가?

대부분 가까운 존재일수록 본 적이 없을 것이다. '이제 와서 새삼스럽게' 라고 생각할지 모르지만 시험 삼아 홈페이지를 들어가 보자.

그 홈페이지에는 매출이나 새로운 사업에 대한 시도, 회사 방침이나 현재 힘을 쏟고 있는 부문 등 그야말로 다양한 정보가 실려있다. 유가증권보고서는 어떨까? 그 홈페이지에는 구체적인 숫자와 더불어 회사가 안고 있는 문제점까지 쓰여 있다.

홈페이지나 유가증권보고서를 보면 그것만으로도 많은 것을 알 수 있다. 그런 정보를 통해 최근 전개하고 있는 광고는 새로운 사업에 뛰어들기 위한 포석은 아닐까 하는 것까지도 알 수 있다. 경쟁상대 회사의 장점을 파악했다면, 자신들은 어떤 부문으로 공격해야 할지 그 방침과 전략도 세울 수 있다.

한편, 다른 업종에서도 배울 것이 있다.

매일 통근할 때마다 눈에 들어오는 모든 것에 관심 갖고 살펴보자. 역의 간판, 역 안의 기오스쿠(KIOSK, 일본의 역 안에 설치된 매점), 전철 안의 광고, 다른 사람이 입고 있는 옷, 역무원이 사용하고 있는 마스크나 스피커, 그 외에 뭐든지 상관없다.

눈에 보이는 모든 것에 회사나 사람들이 어떤 형태로든지 관련되어 있다. 역의 간판 하나도 광고주, 광고를 수주해오는 광고대리점, 간판을 만드는 회사, 장소를 빌려주고 수입을 얻는 철도회사 등 많은 회사들이 관련되어 있다. 어쩌면 이보다 더 많은 회사들이 관련되어 있을지도 모른다.

또한 반드시 각 부문 담당자가 있다. 간판 디자인이나 색상을 제안하는 사람, 그것을 결정하는 사람, 비용을 교섭하는 사람, 간판을 점검하는 사람, 간판을 설치하는 사람 등이다. 물론 그 광고를 보고 광고 상품을 사려는 사람도 있다. 도대체 몇 사람이 눈앞의 간판과 관련되어 있을까?

그 중에는 회사나 사람뿐만 아니라 행위가 동반된다. 광고주는 가능한 많은 사람이 간판을 보고 해당 제품을 구입하기를 원하고, 장소를 빌려주는 전철회사는 가능한 많은 광고수입을 얻고 싶다는 생각에 교섭이라는 행위가 존재한다.

광고주도 낮은 비용으로 홍보하기를 원하기 때문에 역 간판

뿐만 아니라 다른 광고수단도 검토한다. 전철회사도 가격을 낮추는 광고주가 아니라 정해진 비용을 지불해줄 광고주를 찾는다. 이는 경쟁이라는 행위다.

그 결과, 최종적으로 누군가가 그곳에 광고를 하기로 합의한다. 그런 결정이 내려지면 비로소 간판이 제작되고 실제로 설치하게 된다. 이처럼 회사나 사람이 교섭, 경쟁, 결정이라는 행위가 이루어졌을 때 마침내 눈앞의 간판이 설치된다.

그리고 역 안의 기오스쿠는 놀랍게도 단시간에 물건을 판매하고 있다. 많은 사람들이 한꺼번에 기오스쿠에 들어와도 순식간에 고객을 정리할 수 있다. 편의점에 물건을 살 사람들이 줄을 서는 일은 있어도 기오스쿠에 사람들이 줄을 서 있는 모습은 본 적이 없다. 기오스쿠는 단시간에 얼마나 많은 매출을 올릴까를 항상 생각하고 있기 때문이다.

또한 단시간에 상품을 건네거나 거스름돈을 틀리지 않도록 교육시키고 있을 것이다. 기오스쿠에서 상품의 가격을 스캔하거나 계산기를 두드리는 모습을 본 적이 없기 때문에 도대체 어떻게 재고관리를 하고 있는지 의아한 생각이 들 때가 있다.

주위의 이런 모습을 바라보면서 의문점을 발견하고, 자신의 일에 도움이 될 만한 무언가를 생각하고 느껴보기를 바란다. 세상사는 항상 변한다. 경쟁과 교섭은 앞으로도 계속해서 개선되며 기술적인 진보도 뒤따를 것이다.

'어, 뭔가 변했네. 왜 그렇지?' 하는 생각을 항상 해야 한다. 눈앞에 보이는 것만 말하는 건 아니다. 텔레비전을 보다가 옛날 공장이 나오면 당시 휴일은 며칠 있었으며, 월급은 얼마를 받았는지, 비록 자신의 업종이 아니더라도 생각해보자.

이처럼 생각하기 시작하면 다른 업종의 사업성에도 신경이 쓰인다. 자신이 자주 가는 술집이나 레스토랑을 생각해보자. 우선 매출을 알고 싶다면 한 사람당 평균단가가 얼마이며, 한 번에 몇 명 들어와서 하루에 몇 번 바뀌는지, 그리고 하루에 며칠 영업하는지를 대략 계산한다.

다음은 비용이다. 집세는 한 평당 얼마이며, 종업원 몇 명을 고용하고 있으니까 인건비는 얼마인지, 그리고 수도광열비는 얼마 정도 나오는지를 생각한다. 그 다음은 매출에 대한 것이다. 음식의 경우는 70퍼센트 정도 모든 비용을 계산할 수 있다. 그리고 총수입에서 총비용을 빼면 이익을 산출할 수 있다. 술을 마시러 가서도 이런 방법을 통해 자신을 훈련할 수 있다.

일처리도 어떻게 하는지를 관찰하면 큰 참고가 된다. 다른 가게와의 차별화는 어떻게 하고 있으며, 무엇을 전면에 내세우고 있는지 등을 지켜본다면 몇 가지는 반드시 알 수 있다.

이런 경험을 통해 그 분야의 전문가를 만날 기회가 생기면 자연스럽게 질문을 하며 구체적인 가게경영에 대해서도 배울 수 있다. 아무 생각이 없다면 전문가를 만나도 질문조차 할 수 없다. 자신과 관련된 업종의 전문성을 깊숙이 파고드는 것도 중요하지만 주위의 다른 업종을 통해서도 배울 것은 많다.

성공과 실패에서 배워라

성공은 되풀이해야 된다. 그렇다면 어떻게 해야 되풀이할 수 있는지를 생각할 필요가 있다. 그 전제로 그 일을 수행함에 있어서 무엇을 성공이라고 할지를 명확히 해야 한다.

야구에 비유해 보자. 타자가 타석에 들어섰을 때 기사회생의 홈런을 노리는 것이 성공일까? 아니면 내야 안타라도 좋으니 3루에 있는 주자를 홈으로 들어오게 하는 것이 성공일까?

상황에 따라서는 4번 타자가 번트를 성공시켜야 하고 혹은 타자에게 홈런을 요구할 때도 있다.

감독이 어깨를 두드려주며 '무조건 공을 쳐라' 라는 말과 함께 타석으로 보내면 타자는 긴장한 나머지 헛스윙을 하여 삼진을 당하거나, 혹은 너무 신중하게 볼을 고르다가 절호의 기회를 놓치고 아웃이 될 수도 있다.

비즈니스 현장에서도 구체적인 성공의 의미가 확실해야만 열심히 할 수 있다. 그러므로 성공이란 어떤 것을 의미하는지 확실히 정해둘 필요가 있다.

한편 회사의 업적이 적어서 사원이 힘들 때도 있다. 이런 상황에서는 조그만 성공을 거두어도 사람들 대부분에게 큰 영향을 미치지 않는다. 하지만 이런 조그만 성공이 곧바로 회사의 이익과 이어지지 않더라도 모두들 박수를 보내야 한다.

어쨌든 이기는 습관을 갖는다는 건 의미가 크다. 한 가지 성공의 예를 만드는 건 다음 성공을 위한 커다란 기폭제가 된다. 이를 계속해서 반복하는 것이 중요하다.

또한, 실패에서도 배워야 한다. 실패를 두려워하면 아무것도 할 수 없다.

'만일 잘 안 되면 어떻게 하지.'

이런 생각만 하면 결국 아무것도 시도하지 않는 최악의 결과를 낳고 만다.

'도전해서 실패하겠는가, 아니면 해보지도 않고 후회하겠는가.' 둘 중 하나를 선택하라고 한다면 나는 망설이지 않고 전자를 택할 것이다. 그러나 실패를 계속해도 괜찮다는 말을 할 생각은 아니다.

예를 들어, 당신이 A사에 자사제품을 파는데 성공했다고 하자. 즉시 계약보고서를 쓰기 시작한다. 이 일을 하기를 참 잘했다고 느끼는 순간이다. 보고서를 쓰는 사람이 기분 좋다면 그것을 받아서 읽는 상사도 꽤 만족할 게 틀림없다. 그러나 이런 작업에 시간을 낭비하는 건 한 번 생각해볼 필요가 있다. 계약이 성립했다는 사실은 그 후 서류가 돌아오거나 날인할 때 확인할 수 있다.

문제는 성공이 아니라 실패했을 때 어떻게 할 것인가 하는 점이다. 제대로 성공하지 못한 배경에는 반드시 그 원인이 있다. 자사제품의 가격이 비쌌거나, 혹은 품질이 안 좋았거나, 납기일을 지키지 못했다거나 등의 원인이 있을 것이다. 그 진행상황을 상사에게 보고함과 동시에 스스로도 노트에 써놓고 원인을 분석하여 개선책을 찾아낸 후에 다음 성공의 발판을 마련해야 한다.

'실패는 성공의 어머니' 라는 말이 있다. 그러나 실패를 그대로 두면 아무것도 시작할 수 없다. 보고를 받은 상사도 실패한 부하직원을 추궁하기보다는 이번 실패에서 얻은 교훈을 어떻게 살릴지 생각해야 한다.

업무 관련 세미나에 참가하라

상사에게 배워야 할 일과 OJT(on-the-job training, 직장 내 교육으로 일의 수행과정을 거치면서 일의 효과적인 완성에 필요한 지식, 기술, 태도에 대해서 계획적으로 상사가 부하직원에게 행하는 교육 훈련을 의미한다) 등 일을 통해 직장인이 배워야 할 것은 매우 많다.

주어진 일을 앞에 두고 어떻게 하면 좋을까 하고 고민하고 있을 때 “이건 이렇게 하면 돼”, “그렇다면 이렇게 하는 게 좋지 않을까?” 하고 상사에게 배운 조언 등이 선명하게 머릿속에 떠오른다. 일과 직접적으로 연관되는 조언만큼 고마운 것도 없을 것이다.

그러나 일에는 일종의 흐름이 있다. 기획을 하고 이를 실천할 멤버를 정하고 역할분담을 한 후에 실행에 옮긴다. 그리고 이 단계에서도 교섭부터 계약에 이르기까지는 여러 단계를 거쳐야만 성과를 얻을 수 있다.

첫 단계는 물론 다음 단계도 완수했다고 하자. 그런데 그 다음 단계에서 막혀버렸다. 이때 당신의 곤란한 처지를 알아차린 상사가 정확한 조언을 해준다면 누구나 "아, 그렇구나" 하고 굉장한 노하우를 얻었다는 생각이 들 것이다. 상사에 대한 존경심이 생기는 것도 바로 이때다.

그러나 그것만으로 만족해서는 자신을 업그레이드 시킬 수 없다. 그런 한 가지의 단편적인 지식이나 노하우를 익혔다고 해서 일을 잘하는 사람이 된다는 보장도 없다.

나중에 자신이 처할 비즈니스 현장에서 힘을 기르고, 그 실력을 발휘해나갈 생각이라면 체계적인 공부를 먼저 해두어야 한다. 그리고 연수나 세미나가 그 공부이다. 이런 장소에서는 강사가 일일이 순서를 만들어서 체계적으로 업무요령을 가르쳐준다.

어떤 상황에 놓였을 때 자신이 어떻게 대처하면 좋은지 등 실천적인 노하우를 익히기 위해 실시하는 직장 내 교육과 크게 다른 것은 바로 이 점이다.

알고 있는 사실이나 이미 터득한 사실이 한두 가지 있다고 해도 이런 연수나 세미나가 있다면 스스로 적극적으로 참가해야 한다.

여성에게 배워라

커리어우먼으로 불리는 우수한 여사원이 증가하고 있다. 기업에서 여성 인재는 아주 막강한 전력임에 틀림없다. 그런데 이런 여성 인재를 아직도 소홀히 대할 때가 많다. 이는 여성을 전력으로 보지 않기 때문이다. 여성 인재를 이야기 중심에 참여시키지 않는 건 커다란 손실이다.

새로운 일을 시작할 때 간부들끼리 먼저 의논하여 어느 정도 진행과정을 판단하고 결정한 후에야 부하직원을 참가시킬 때가 있다. 특히, 아직도 여성이라는 이유만으로 회의나 중요한 대화에 참여하지 못할 때가 많다. 여성 인재의 의욕을 이끌어내고 싶다면 이런 대화의 장에 처음부터 참가시킬 필요가 있다.

"지금 이런 프로젝트를 검토하고 있는데 어느 정도 이야기가 정리되면 당신에게는 이런 일을 맡기고 싶네"라고 미리 이야기해둔다.

처음부터 그 계획에 참가시키는 것과, 남자사원끼리만 이야기를 나눈 후에 이 일을 맡아달라고 통보하는 것과는 일할 의욕에서 차이가 난다.

자신이 남자사원들과 똑같이 처음부터 프로젝트 멤버로 받아들여졌을 때 일의 효율은 확실하게 오른다. 또한 그 단계에서 여성의 눈으로 본 새로운 아이디어도 나온다.

제5장

'자투리 시간'에 효율을 높이는 공부법

성공하는
사람은
결코
대충 하지
않는다

How to Study

휴식을 취하면서 공부한다

고등학교 시절, 교단에 서 있던 여선생님이 갑자기 우리에게 질문을 던졌다.

"여러분 공부하고 있나요?"

그러고는 갑자기 자신의 체험을 이야기하기 시작했다.

선생님은 수험생 시절, 학교에서 집에 돌아오면 우선 한 시간 정도 휴식을 취하고 나서 공부를 시작했다고 한다. 그 휴식방법이란 신문을 읽는 것이다. 신문을 읽는 게 어떻게 휴식이 될까? 금세 학생들이 술렁거렸다.

신문에는 매일 경제와 정치에 관한 기사가 빼곡하게 실려 있다. 그 기사를 읽는 것 자체가 고등학생에게는 공부와 같은 의미를 가진다. 그것을 휴식이라고 하다니 말도 안 된다고 생각했다. 그러나 직장인이 된 지금, 돌이켜 생각해보면 그 선생님의 말이 옳다는 걸 알 수 있었다.

신문은 종합정보지다. 정치, 경제, 사회문제 등의 기사가 게재되어 있는 한편, 스포츠 란도 있고 텔레비전, 라디오 프로그램 안내도 있다. 그런 기사를 읽는 일은 공부라기보다는 오히려 오락에 가깝다. 선생님이 이야기한 신문을 읽으면서 휴식을 취한다는 건 바로 그런 의미였던 것이다.

그러나 신문을 보면 아무래도 정치나 경제 기사도 눈에 들어온다. 처음에는 읽을 생각이 없었던 이런 기사도 읽게 된다. 스스로는 휴식을 취하며 놀고 있지만 자신도 모르는 사이에 많은 지식을 흡수하고 있는 것이다. 놀면서 공부한다는 건 바로 그런 것이다.

'공부해야지. 지금 난 공부하고 있는 거야' 라는 의식을 버리고 이건 놀고 있는 거라고 생각할 때 지식이나 노하우를 통해 새로운 발상도 떠오른다.

얼마 전 나는 퇴근길에 선술집 카운터에 앉아서 술을 마시며 책을 읽고 있었다. 내 뒤의 테이블에는 젊은 남녀 여섯 명이 큰 소리로 이야기하고 있었다. 무척 시끄러웠다. 가게 안에는 음악이 흐르고 있었는데, 나는 가게주인에게 음악을 꺼달라고 부탁했다. 음악이 없으면 얼마나 자신들이 큰소리로 이야기하고 있는지 깨닫게 될 거라고 생각했기 때문이다. 하지만 아무런 소용이 없었다. 그들은 여전히 큰소리로 떠들어댔다.

결국 포기하고 차라리 요즘 젊은이들은 어떤 의식을 갖고 일을 하는지 그들의 이야기에 귀를 기울이기로 했다. 의외로 그들의 대화내용은 꽤 건설적이었다. '지금 시대는 이렇다, 이렇게 하면 좋지 않을까?' 하는 이야기를 주고받고 있었다.

'아, 그렇구나.'

'그런 식으로 생각하는구나.'

그들의 이야기 속에는 깜짝 놀랄 만한 발상과 일을 하는데 도움이 될 만한 내용이 몇 가지 있었다. 나는 읽던 책을 완전히 덮

어버리고 잠시 동안 그들 이야기에 귀를 기울였다. 말 그대로 휴식을 취하면서 어느새 지식을 흡수하고 있었다. 이처럼 공부 자료는 자신의 주변에 많이 있다.

가끔 '요즘 젊은이들은…' 하고 유별나게 쓴소리를 하는 사람이 있다. 어떤 시대에도 마찬가지다. 자신들도 선배들에게 그런 말을 들으면서 자라지 않았는가.

자신만의 시스템을 만들어라

나는 10년 전부터 일주일에 두 번 정도 헬스센터에 다니기 시작했다. 건강진단결과 당뇨수치가 높게 나와서 의사가 운동할 것을 권했기 때문이다. 한 번 가면 두 시간 정도, 런닝머신과 자전거 타기, 근육트레이닝으로 땀을 흘린다.

이 헬스센터는 꽤 시스템이 좋아서 'TGS키'라는 열쇠를 기계에 꽂으면 컴퓨터와 연결되어 내가 언제 이곳에 와서 어떤 운동을 몇 시간 정도 했는지를 알 수 있는 관리 데이터가 저장된다. 이번 주는 열심히 했는지, 또는 최근에 운동을 얼마나 했는지를 일목요연하게 확인할 수 있기 때문에 이용자에게는 상당히 편리한 시스템이다.

내가 트레이닝을 시작하려면 몇 가지 정해진 순서를 밟아야 한다. 접수창구에서 사물함의 열쇠와 헬스센터 전용 운동화, 트레이닝복, 타올(작은 타올과 목욕타올)을 받으면 탈의실로 가서 옷을 갈아입는다. 그리고 바지 벨트에 달려있는 만보계를 트레이닝복으로 옮겨 단다. 그리고 TGS키를 가방에서 꺼낸다. 때로는 필기도구나 메모지도 갖고 갈 때도 있다.

그런데 트레이닝복으로 갈아입고 마침내 운동을 시작하려고 보면 깜박하고 TGS키나 만보계를 사물함에 놓고 나올 때가 종종 있다. 그런 사소한 실수를 할 때마다 또다시 탈의실로 돌아가야 하는 자신에게 화가 나기도 한다.

이런 실수를 하지 않으려면 어떻게 하면 좋을까? 나는 내 나름대로의 순서를 정해놓기로 했다. 탈의실을 나오기 전에 TGS키와 사물함 키를 함께 묶어놓는다. 탈의실을 나오기 전에 작은 타올과 만보계와 열쇠꾸러미, 이 세 가지를 갖고 있는지 다시 확인한다.

이런 규칙을 만들고 실천하다 보니 차츰 실수도 줄어들었다. 일을 할 때도 이런 자기 나름대로의 시스템을 만드는 게 중요하다.

매일 들고 다니는 가방. 그 가방 어디에 무엇을 넣고 다닐지를 미리 정해놓으면 물건을 찾을 때 일일이 가방 안을 뒤적일 필요가 없다. 그리고 귀가하면 양복 주머니 안에 들어있는 모든 것을 상자 하나에 모두 꺼내 놓는다. 다음 날 양복을 입을 때 그 상자 안에 있던 물건들을 도로 주머니에 넣으면 된다.

그래도 가끔 깜박할 때가 있기는 하다. 하지만 깜박한 물건을 가지러 다시 집으로 돌아가는 건 시간낭비다. 이런 작은 일이라도 자기 나름대로의 시스템을 만들어서 습관처럼 생활하면 시간낭비도 줄이고 아주 효율적이다. 자신만의 공부시간도 생겨난다.

자투리 시간(최소 전투 단위)도 소중히 하자

변호사와 공인회계사라는 두 가지 자격증을 가진 사람의 책을 읽은 적이 있다. 둘 다 쉽게 취득할 수 있는 자격증이 아니다. 이 사람은 하루를 6분 단위로 쪼개어 생활했다고 한다. 예를 들어, 18분 동안 서류를 확인하고 60분 동안 책을 읽는다.

'세상에는 이렇게 생활하는 사람도 있구나' 하고 깜짝 놀람과 동시에 무척 감탄했다. 나는 도저히 그렇게 할 수가 없다. 그러나 6분이라는 짧은 시간조차도 낭비하지 않고 유효하게 사용한다는 생각과 자세는 대찬성이다.

당신이 일하는 회사는 근무시간이 오전 9시부터 오후 5시까지라고 하자. 오후 4시 30분경, 주위 사람들은 무엇을 하며 보내는지 생각해보라. 혹시 오늘 일을 일단락 짓고 내일 계획도 세운 후에 그저 퇴근시간만을 기다리고 있는 사람이 많지 않은가?

그런 사람은 옆에서 보면 일을 하고 있는 것처럼 보여도 이미 머릿속은 멈추어 있다. 퇴근시간을 알리는 벨이 울릴 때까지의 시간은 이미 버렸다고 할 수 있다.

그렇다면 회의가 시작되기 전은 어떤가? 아마 머릿속은 회의 생각으로 꽉 차 있어서 다른 작업은 이미 그만두었을 것이다. 외출할 때나 점심시간 직전도 마찬가지다. 무언가 다음 행동으로 옮길 때는 시간낭비를 하기 쉽다.

그러나 10분, 20분의 짧은 시간이라도 소중히 하자고 스스로 다짐하고 자투리 시간을 유효하게 사용하면 일의 효율성도 높아진다.

퇴근시간이 오후 5시라면 그때까지는 일을 한다. 아침 10시 30분부터 회의가 있을 때는 10시 25분까지 일을 계속한다. 회의 준비는 미리 하여 여유를 갖고 회의에 임한다.

짧은 시간이라서 아무것도 할 수 없는 게 아니다. 그 시간을 이용하여 서류를 살펴봐도 좋고, 책을 읽어도 좋다. 할 수 있는 일은 얼마든지 있다.

10분간 복근운동을 지속한다는 건 쉬운 일이 아니다. 아마 그 10분은 무척 길게 느껴질 것이다. 이처럼 5분, 10분은 매우 귀중한 시간이다. 이런 자투리 시간을 이용하여 미리 일을 끝낸다면 다음 날은 효율적으로 다른 업무를 시작할 수 있다.

통근전철 안은 최고의 공부시간

어떤 사람이 집과 회사를 오가는 통근시간을 이용하여 놀라운 공부법을 실행하고 있다는 이야기를 들은 적이 있다.

그는 매일 몇 차례 전철은 갈아타는데 전철을 탈 때마다 읽을 책을 바꾼다고 한다. 전철을 세 번 갈아탈 때는 책을 세 권 읽을 수 있다. 더구나 전혀 다른 주제의 책을 읽음으로써 다양한 분야의 공부를 할 수 있다고 한다.

나는 지금까지 몇 번 이사를 했는데 늘 회사까지는 전철로 40~50분이 걸렸다. 이런 긴 통근시간처럼 지루한 시간도 없다. 이 시간에는 사람들 대부분이 휴대전화를 꺼내 메일을 보내거나 게임을 하기도 하고, 텔레비전을 보거나 음악을 듣는다.

그러나 내가 젊었을 때는 이런 편리한 '시간 죽이기 도구' 가 없었다. 혼잡한 전철 안에서 일을 하려고 해도 서류 한 장 제대로 펼칠 수가 없었다. 전철 안에서 할 수 있는 일은 극히 한정되어 있었다. 그래서 나는 이 지루한 시간을 나만의 공부시간으로 바꾸었다. 그러다 보니 어느새 습관이 되어버렸다.

전철 안에서 남에게 폐를 끼치지 않고 펼쳐서 볼 수 있는 건 영어 단어장이나 전자수첩 등이다. 우선 그것을 이용해서 공부를 시작했다. 그러자 생각보다 내용이 머릿속에 속속 들어오는 게 아닌가? 지금까지 공부는 조용한 곳에서 책상 앞에 앉아 하는 거라고 생각했는데 그것이 정답이 아니라는 걸 확실하게 알게 되었다.

할 수 있는 일이 한정되어 있기 때문에 집중해서 공부를 할 수 있다. 오히려 그렇게 공부하는 편이 더 효율적일 때도 있다.

내가 실천하는
'가정 내 효율 UP법'

"신입사원과 자기 자식에게 무언가를 가르친다면 자네는 어느 쪽이 쉬울 것 같은가?"

어느 날 선배에게 느닷없는 질문을 받고는 자신도 모르게 "예?"하고 말문이 막혀버렸다. 순간 양쪽이라고 대답할까 하다가 그만두었다. 정답은 자기 자식이었다.

왜냐하면 아이에게는 어렸을 때부터 많은 것을 가르칠 수 있지만 신입사원은 이미 어느 정도 인격형성이 되어 있기 때문에 그만큼 어렵다는 이야기였다. 정답이 자기 자식이라는 말에 나 역시 수긍이 갔다.

그러나 내가 아이나 가족을 제대로 교육시키고 있는가 하면 그것도 아니다. 직장인은 회사일만으로도 머리가 복잡하기 때문에 가족까지 신경 쓸 여유가 없다고 변명하고 싶었다. 하지만 나처럼 아무리 바빠도 사람들과의 만남이나 노는 걸 그만두지 않는 사람에게는 그런 변명도 성립될 것 같지 않다.

그러나 일을 할 때 매일 부하직원을 달래고 어르면서 지휘하기 때문에 가족에게도 그렇게 할 수 있을 것 같다. 물론 가족을 교육한다고 하면 반발을 불러올 게 틀림없다. 그래서 몇 가지 규칙을 정하기로 했다.

나는 밤늦게 귀가하기 때문에 하루 종일 집에 무슨 일이 있었는지 순서대로 보고를 받는다. 집에 전화가 오면 시간, 상대방 이름과 전화번호, 용건 등을 메모해서 남기도록 했다. 비즈니스 현장에서는 상식이지만 집에서도 이런 규칙을 만들면 중요한 용건을 정확하게 전달할 수 있으니 효율적이다. 시간낭비가 없어지면 서로 자신의 시간이 생긴다. 더불어 항상 공부하도록 하면 가족에게서 배울 수도 있다.

혼자 온천여행을 통해 지식을 체계화한다

'내 자신에게 상을 주자!'

언젠가 텔레비전 광고에서 이런 구절을 본 적이 있다.

내가 자신에게 주는 상이라면 1년에 한두 번 혼자서 훌쩍 떠나는 온천여행이다. 미나카미온천(일본 군마 현에 있는 온천) 근처에 친구가 운영하는 숙소가 있어서 그곳에서 2~3일 지낸다. 들리는 소리라고는 창밖을 흐르는 도네(利根) 강의 물소리뿐, 눈앞에는 한가로운 시골풍경이 펼쳐져 있다.

온천에 들어갔다 나온 후에는 숙소 근처를 산책한다. 복잡한 도시에서 업무로 지친 내게는 그야말로 별천지나 다름없다. 숙소 주인은 혼자 여행 온 나를 배려해주느라 자주 말을 걸어왔다.

"혼자서 지루하시죠?"

"근처에 이런 곳이 있는데 한번 가보세요."

하지만 난 전혀 지루하지 않았다. 미리 택배로 책 몇 권을 이 곳으로 보내두었는데 그 책을 읽는 게 목적이었으니까. 목욕할 때도 책을 갖고 들어가고 저녁을 먹을 때도 손에서 책을 놓지 않았다.

"온천에까지 와서 그렇게까지 할 필요가 있나요?" 하고 어이없어할지도 모르지만 즐기면서 공부를 하는 게 내 스타일이기도 하다.

온천여행의 목적은 평소에 읽은 책에서 흡수한 지식이나 노하우를 정리해서 체계화하는 데 있다.

나는 책 한 권을 처음부터 마지막까지 다 읽지 않는데, 지금 내가 안고 있는 문제와 주제를 설정한 후에 그것에 도움이 되는 부분만을 파악하는 것이 내 공부법이다. 늘 일에 쫓기는 직장인이 잠시 짬을 내어 자기계발을 위해 하는 공부법이다.

그러나 그것만으로는 의미가 없다는 걸 실감했다. 그래서 나는 온천여행을 통해 아무에게도 방해받지 않는 나만의 시간에 그것을 정리하기로 했다. 갖고 온 책에는 접히거나 많은 메모 등이 적혀 있다. 이를 주제별로 정리한다.

그렇게 하면 해결책이 보이고 일을 처리할 때 필요한 노하우도 얻을 수 있다. 평소에 자투리 시간을 이용하여 공부했던 내용을 이곳 온천에서 하나로 연결하여 체계화하는 작업이기도 하다. 숙소 근처에는 마땅히 놀 곳도 없기 때문에 집중해서 할 수 있다. 작업이 슬슬 질리기 시작하면 온천에 들어갔다 나오면 된다. 즐기면서 공부하는 이런 사치도 가끔은 누려보자.

나의 자투리 시간 활용
영어학습법

중학교 2학년 때의 여름방학, 외국인이 우리 집에 4~5일 정도 묵게 되었다. 당황해서 가족들은 우왕좌왕했다. 그도 그럴 것이 가족 중에 단 한 명도 영어를 제대로 하는 사람이 없었기 때문이다. 나 역시 중학교에서 영어를 배운 지 얼마 안 되었기 때문에 영어가 서툴렀다.

'도대체 앞으로 어떻게 의사소통을 해야 할까?'

이렇게 된 이상 방법이 없었다. 사전을 두 권 준비하고 상대가 무언가 자신의 의견을 전하고 싶을 때는 영일사전을 펼쳐서 단어를 가리키라고 하고, 반대로 우리가 무언가 전하고 싶을 때는 일영사전을 펼쳐서 보여주는 방법을 택했다. 그러나 이것만으로는 제대로 커뮤니케이션을 할 수가 없었다. 적어도 영어단어 정도는 외우고 있어야만 한다는 걸 느꼈다.

그 무렵 내가 다니던 중학교는 집에서 2킬로미터 정도 떨어진 곳에 있었다. 매일 걸어다녔는데 30분 이상 걸렸다. 그래서 학교까지 가는 시간을 이용하여 영어단어와 짧은 문장을 외우기로 결심했다. 현관문을 열고 집을 나서면 개가 있었다. 조금 걸어가면 다리가 나오는데 그 위를 한 여자가 걷고 있었다.

그런 광경이 눈에 들어올 때마다 개는 'DOG', 다리는 'BRIDGE' 라는 식으로 영어단어로 바꾸어 외웠다. 물론 모르는 단어도 많이 나오지만 그럴 때는 나중에 일영사전을 펼쳐서 찾아보았다. 그리고 이런 광경을 영어 문장으로 만든다. 예를 들어, 개가 달리고 있으면, 'Dog is running' 으로 작문한다. 처음에는 현재진행형으로 문장을 만든 다음 다시 과거형으로 바꾼다. 이렇게 매일 반복하며 영어공부를 했다.

그리고 1년이 지나 또 다른 외국인이 우리 집에 왔다. 그러자 작년에 비해 훨씬 의사소통이 쉬워졌음을 알 수 있었다.

그런데 또 다른 큰 벽에 부딪쳤다. 자신은 정확한 영어로 말한다고 생각했는데 발음이 전혀 달라서 상대에게 통하지 않았던 것이다. 상대의 이야기도 이해할 수 없었다. 그래서 이번에는 당시 유행하던 팝송을 들으며 어떻게 해서든지 본토 발음을 연습했다.

어린애다운 발상이었을지도 모르지만 그때 공부란 굳이 책상 앞에 앉아서 하는 것만은 아니라는 걸 깨달았다. 몸을 움직이면서 무언가를 공부하는 편이 훨씬 효율적이다. 특히 어학을 마스터하려고 할 때는 오히려 책상 앞을 떠나서 공부하는 방법이 효과적이다.

이런 방법은 통근시간의 전철 안이나 커피숍, 술집에서 책을 읽으며 공부하는 내 습관과 상관이 있다. 회사에서는 공부할 시간이 없다는 사람도 통근시간을 이용하면 조금이라도 공부할 수 있을 것이다.

명함관리는 이렇게 하자

내 주변에 있는 것을 관리하면 일의 효율이 높아진다. 그 중의 하나가 명함관리다. 내 나름대로의 방법을 소개하고자 한다.

회사에 근무하다 보면 명함은 순식간에 쌓인다. 특히 영업 업무를 담당하는 사람은 그 양이 대단하다. 이때 받은 명함을 어떻게 정리해서 보관하느냐가 문제다.

나도 처음에는 명함첩에 넣어 정리했다. 첫 대면인 사람에게 받으면 그 뒷면에 받은 날짜를 써넣고 비닐 파일에 한 장씩 끼워 넣었다. 그러나 이 방법은 필요할 때 일일이 명함첩을 열고 그 명함이 어디에 있는지를 찾아야 한다. 장르별로 나누어도 금세 장르가 늘어나서 자주 사용하는 명함과 거의 사용하지 않는 명함이 섞여서 복잡해진다. 그래서 정작 중요할 때 찾고자 하는 명함이 나오지 않아 곤란할 때가 있다.

나도 오랫동안 명함관리로 고생했지만 지금은 다른 방법을 사용하고 있다. 명함첩 형태가 아니라 명함상자를 사용하여 이를 '거래처, 이전의 회사, 재무 · 은행, 그 외 중요한 사람, 기타'로 크게 나눈다. '그 외 중요한 사람'은 명함을 보기만 해도 금방 얼굴이 떠오르는 사람과 장래 사용할 가능성이 높다고 판단한 사람들이다. '기타'는 반대로 당장은 사용할 일이 없다고 생각하는 사람이다. 그리고 장르마다 시기별로 다시 정리한다. 그 장르의 안쪽에 있으면 옛날에 만난 사람이고, 앞쪽에 있으면 최근에 만난 사람이다.

우선 이렇게 정리해 두고 순서는 바꾸지 않는다. 혹시라도 명함상자를 바닥에 떨어뜨려서 뒤죽박죽이 되지 않도록 주의해야 한다. 시기별로 정리했다는 점이 중요하다.

새로 명함을 받으면 명함에 날짜를 쓰고 각 장르의 가장 앞쪽에 배치를 한다. 한 번 메일을 보내거나 전화를 할 때 꺼낸 명함은 원래 장소에 넣지 않고 가장 앞부분에 넣는다. 2개월 전에 만난 사람이라도 가장 앞에 넣는다. 본래는 시기별로 나열되어 있지만 일단 사용한 명함은 오늘 만난 사람과 같다. 기억이 새로운 순서대로 나열하는 것이다.

이 방법의 이점은 자주 사용하는 명함일수록 앞쪽에 오기 때문에 중요한 명함은 앞쪽에 모인다는 것이다. 명함상자를 정리할 때는 오랫동안 사용하지 않은 안쪽부터 버리면 된다.

혹시 당신의 양복주머니에 거래처 명함이 그대로 들어있지는 않은가? 수첩에 몇 장 끼워져 있지는 않은가? 회사뿐만이 아니라 자신의 방에도 있지는 않은가?

우선 이 명함들을 모두 한곳에 모으는 것부터 시작하자. 명함은 양이 많아서 잃어버리기 쉽기 때문에 나는 개인적인 명함도 모두 회사에 보관한다. 이렇게 해서 평소에 정리해두면 명함을 찾는 시간을 절약할 수 있다. 몇 번이나 말하지만 무언가를 찾기 위해 시간을 투자하는 건 아무리 짧은 시간이라 할지라도 커다란 손실이다.

'기타' 라는 장르는 명함정리뿐만 아니라 파일에 넣을 때도 편리하다. 꼼꼼한 사람은 싫어하겠지만 지나치게 새로운 장르를 많이 만들면 중요한 순간에 해당 명함을 어디에 넣어두었는지 전혀 기억해낼 수가 없다.

한 가지 덧붙이자면, 어디에 넣어야 좋을지 판단이 서지 않을 때는 '임시파일' 이 편리하다. 나는 'Temp Hold' 라고 이름을 붙이고 매달 받는 자료와 필요성에 대해 당장 판단이 서지 않는 서류를 넣어둔다. 나중에 파일을 정리하지만 대부분은 쓰레기통으로 간다.

지금부터 명함정리를 나와 같은 방법으로 하려는 사람은 옛날 형태의 명함첩에서 모든 명함을 꺼내 명함상자로 옮길 필요는 없다. 시작하기 좋은 매달 초부터 명함상자를 이용하면 된다.

최근에 옛날 명함첩에서 꺼내 사용한 명함과 새로 받은 명함을 명함상자에 넣는 것부터 시작하면 된다. 이렇게 하면 새 명함과 자주 사용하는 명함만이 상자 안에 들어가게 된다.

☑ 당신은 **열쇠**를 **몇** 개 가지고 다니는가?

열쇠꾸러미에 많은 열쇠를 달고 달그락거리며 주머니에 넣고 다니는 사람이 있다. 왜 그렇게 많은 열쇠가 필요할까? 나 역시 전에는 많은 열쇠를 갖고 다녔다.

회사에 출근하면 책상 서랍, 파일 캐비닛을 열지 않고는 일을 시작할 수 없다. 그때마다 열쇠꾸러미를 하나씩 열쇠구멍에 넣어 맞지 않으면 다른 열쇠를 또다시 집어넣는 '격투'를 되풀이한다. 하루의 시작이 이렇다면 일을 시작하기도 전에 스트레스가 쌓이고 만다.

그래서 어느 날 들고 다니던 열쇠를 단 두 개로 만들어버렸다. 집 현관 열쇠와 회사 서랍 열쇠였다.

일을 하기 위해 필요한 서류나 도구는 몇 가지 있다. 그러나 사용하는 물건은 극히 일부다. 실제로 정리해본 나도 깜짝 놀랐다. 생각해보면 평소 사용하는 물건은 서랍을 열면 맨 앞에 있다. 그래서 우선 필요한 물건만을 꺼내 한차례 정리한 후에 책상 서랍 혹은 파일 캐비닛에 넣은 후 그곳에만 열쇠를 잠그고 있다. 이렇게 해서 회사에서 사용하는 열쇠가 하나가 되었다.

요컨대 물건을 관리할 때 열쇠가 필요한 물건과 필요 없는 물건, 두 가지로 나눈다. 사무실 안에서도 중요한 서류나 인감 등은 몇 군데에 분산해서 보관하면 된다.

파일 캐비닛 안에는 다른 사원이 보면 안 되는 인사 관련 서류와 단순한 보고서 종류도 함께 들어있다. 그 중에서 중요한 서류만을 꺼내 정리해 두면 다른 곳은 굳이 잠가둘 필요가 없다. 이렇게 정리하기만 해도 효율적으로 일할 수 있는 새로운 환경이 만들어진다.

제6장

책에서 어떻게 배우는가?

얼굴을
찡그리지
말자

How to Study

중요한 부분이 있는 페이지는 접어둔다

"뭐야 이건?"

내가 읽고 있는 책을 보고 자신도 모르게 얼굴을 찡그리는 사람이 있을지도 모른다. 군데군데 페이지 위나 아래가 접혀 있고 책 안에 이런 저런 메모가 되어 있기 때문이다.

사람들 대부분은 책은 소중히 다루어야 하며 더럽혀서는 결코 안 된다는 생각을 갖고 있다. 그러나 다시 생각해보자. 학생 시절에 사용했던 교과서는 어떤가? 모든 페이지마다 중요한 부분에 빨간 선을 긋거나 메모를 해서 암기하지 않았던가?

너덜너덜해진 교과서를 보고 '열심히 공부했구나' 라고 칭찬

해주는 사람은 있어도 화를 내는 사람은 없었을 것이다.

비즈니스 서적이나 자기계발서는 직장인에게는 교과서나 마찬가지다. 자신에게 필요한 부분을 효과적으로 흡수하여 비즈니스 현장에서 활용하고 성과를 이루어냈을 때 비로소 가치가 생긴다. 그리고 중요한 점은 몇 번이나 다시 읽는다는 것을 전제로 자기나름대로의 규칙을 만들어 페이지를 접거나 메모를 한다.

우선, 구입한 책을 읽기 전에 미리 그 책 속에서 어떠한 주제를 찾을지를 분명히 한다. 아무래도 자신은 행동력이 부족하다고 생각한다면 행동력을 익히기 위해 무엇이 필요한지가 주제가 된다.

인간관계가 서툴러서 일에도 영향을 주고 있다면 이를 해결하기 위한 비결을 책 속에서 찾아낸다. 나는 우선 목차를 보고 주제에 해당하는 부분의 페이지를 펼친다. 필요한 부분이 있으면 그 페이지 위를 접거나 그 부분 옆에 '행동력' 이나 '커뮤니케이션' 처럼 내가 알 수 있는 구체적인 메모를 해둔다. 특히 중요하다고 생각되는 부분에는 한 번 접은 페이지를 다시 접는다.

그러나 같은 페이지 앞면과 뒷면에 중요한 부분이 동시에 있을 때도 있다. 그럴 때는 위와 아래 페이지의 가장자리를 접어둔다. 이렇게 하면 다음 페이지에도 중요한 부분이 있다는 걸 금방 알 수 있다.

모처럼 돈을 투자해 구입한 책을 티끌 하나 없는 깨끗한 상태로 책꽂이에 나열하고 싶은 마음도 이해는 하겠지만 그것과는 목적이 다르다. 책이란 활용하기 나름이다. 자신에게 필요한 지식이나 노하우를 찾아내어 당장 내일부터 비즈니스 현장에 활용할 때 비로소 그 가치가 생겨난다.

두 권의 책을 동시에 병행해서 읽어라

'책 제목이 괜찮네.'

'막상 책을 펼쳐보니 재미있을 것 같은데….'

'머리말을 보니 책 내용이 괜찮을 것 같은데….'

이처럼 서점에 가면 마음이 끌리는 책이 많이 있다. 성실한 사람이라면 이럴 때 책 제목을 모두 메모해두고 오늘은 당장 필요한 몇 권만 구입한다. 그러나 귀찮은 건 딱 질색인 나는 도저히 그렇게 하지 못한다. 눈에 보이는 책은 신용카드를 사용해서라도 한꺼번에 구입해버린다.

그런데 얼마 전, 어느 대형서점에서 어떤 고객이 20권 정도

되는 책을 한꺼번에 구입하는 광경을 목격했다. '도대체 저 많은 책을 어떻게 들고 갈 생각이지' 하고 지켜보고 서있었는데 그는 점원에게 이 책들을 모두 집으로 보내달라고 했다. 나는 입이 딱 벌어지고 말았다.

지금은 인터넷으로 원하는 책을 간단히 주문할 수 있지만, 나는 실제로 책을 보지 않으면 좀처럼 살 마음이 들지 않는다. 그렇다면 왜 많은 책을 한꺼번에 살까? 왜냐하면 책 한 권만으로는 금방 싫증이 나기 때문이다.

마음을 움직이는 부분이 계속 있다면 괜찮지만 결코 그런 책만 있는 건 아니다. 그래서 금방 다른 책이 읽고 싶어진다. 말하자면 광고방송하는 사이에 텔레비전 채널을 이리저리 돌리면서 프로그램 몇 개의 재미있는 장면만을 골라보는 것과 같다.

비즈니스 서적이나 자기계발서는 처음부터 끝까지 읽을 필요가 없다. 중요한 부분이나 자신에게 필요한 부분만 얻으면 된다. 200페이지 전후의 책이라면 그 안에서 내가 건지고 싶은 부분이 두세 가지만 있다면 충분하다.

몇 번이나 강조하지만 책을 읽는 것 자체가 목적이 아니다. 그 안에서 도움이 될 만한 지식을 흡수하여 비즈니스 현장에서 혹은 자신의 목표를 위해 활용하는 게 내 목적이다. 원래 이런 종류의 책은 당장 내일부터라도 비즈니스 현장에서 도움이 될 만한 노하우를 얻으려는 사람을 위해 쓰인 책이다.

자신의 즐거움이나 시간을 죽이기 위해 읽는 소설과는 확실히 구별할 필요가 있다. 그래서 비즈니스 서적이나 자기계발도서는 대충 필요한 부분만 골라서 읽어도 된다. 접거나 메모를 적어 넣어도 신경 쓸 필요는 없다.

모든 내용을 읽기보다 오히려 중요한 부분, 관심 있는 부분만을 발췌해서 반복해서 읽는 편이 훨씬 많은 효과를 얻을 수 있다. 그래도 당신의 책은 깨끗한 그대로인가?

재미없는 책은 금방 읽지 말자

서점에서 시간을 투자하여 천천히 책을 고르는 사람들이 있다. 그러나 나는 도저히 그렇게 하지 못한다. '그렇게 오랫동안 책을 고를 시간이 있다면 차라리 지금 당장 사서 읽으면 될 텐데' 하는 생각을 하고 만다.

나는 재미있을 것 같거나 도움이 될 만한 책은 첫인상에 관계없이 바로 구매한다. 예를 들어, 넥타이를 선택할 때, 매장에 진열되어 있는 수많은 상품 중에서 가장 처음에 눈에 들어온 넥타이는, 그 후 아무리 많은 상품을 보더라도 결국에는 다시 돌아와서 그 물건을 구입하게 되지 않는가?

시간을 들여서 이런 저런 상품을 꼼꼼하게 살펴보는 건 단지 이 상품을 신중하게 골랐다는 자기 위안이 아닐까?

내가 책을 선택하는 것도 이와 같은 감각이다. 따라서 고르는 책 전부가 '당첨' 되지는 않는다. 그 중에는 솔직히 기대에 못 미치는 내용이나 생각했던 것과는 전혀 다른 내용으로 몹시 후회할 때도 있다. 그럴 때는 '선택방법이 나빴구나' 하고 반성해서는 안 된다. 이것도 필요경비의 일부라고 생각하고 읽지 않으면 된다.

재미없는 책을 참고 끝까지 읽는 게 중요한 건 아니다. 그 책에서 도움이 될 만한 내용을 한두 가지라도 발견하는 데 있다. 그러기 위해서는 다소의 '헛수고' 도 각오해야 한다. 당연히 책값도 든다. 단행본을 몇 권 구입하면 금세 몇 만원이 되어버린다. 그러나 그 중에서 '아, 이거야!' 라는 책을 발견하면 오히려 싸다는 생각마저 든다. 물론 한정된 용돈으로는 좀처럼 책값까지 지불하기가 힘들다.

그렇다면 술값은 어떤가? 술 한 번 마시러 가면 몇 만원의 돈이 순식간에 사라지고 만다.

사람들과의 대화를 통해 자기계발로 이어지거나 공부가 될 때도 있지만 항상 그런 술자리만 있는 건 아니다. 술은 마셔버리면 그것으로 끝이다. 남는 건 고작 숙취 정도다.

그에 비해 책에서 얻은 지식은 머릿속 어딘가에 남는다. 그 당시에는 기대에 못 미친다고 느낀 책이라도 당면한 문제가 달라지면 도움이 될지도 모른다. 옛날부터 술을 마시고 몸을 망친 사람은 많이 있어도 책을 너무 많이 사서 몸을 망쳤다는 이야기는 들어본 적이 없다.

쉽게 쓴 책을 선택하자

나는 이해력이 턱없이 부족하거나 혹은 독해력이 부족할지도 모른다. 어쨌든 대학 교과서만큼 골치 아프게 하는 건 없다. 아무리 집중해서 읽어도 조금도 내용이 머릿속에 들어오지 않는다. 극히 학문적으로 쓰인 건 알겠지만 난 학자가 될 생각이 없다고 소리치고 싶어진다.

어쨌든 어렵다. 확실히 말해 무슨 말인지 도통 알 수가 없다. 이런 책을 교과서로 택하는 선생님은 어쩌면 일부러 OO학을 공부하기 전에 독해력을 기르라는 숙제를 학생에게 주고 있는 건 아닐까 하는 생각마저 들게 한다. OO학을 배우는 건지, 아니면 국어실력을 기르는 건지 도저히 알 수가 없다.

그러나 그런 선생님과 이야기해 보면 실로 소탈하고 이야기도 알기 쉽게 하는 사람이 많다. 그전까지는 우주인이 아닐까 하고 생각했던 선생님이 갑자기 '뭐야, 그저 보통 아저씨잖아' 라고 느껴질 때가 있다. 그렇다면 좀 더 알기 쉽게 책을 써주면 좋을 텐데….

이와는 반대로 어려운 내용을 아주 쉽게 해설한 아마추어용 책도 많이 나와 있다. 쉽기 때문에 도움이 되지 않는다고 무시해서는 안 된다. 오히려 이런 책이 훨씬 이용가치가 높다. 순서대로 설명되어 있고 내용이 쉬워서 외우기도 쉽다. 더구나 각 장의 요점까지 쓰여 있다.

자기계발을 위해 공부하고 싶다면 이런 책을 선택해야 한다. 자신의 머리로 금방 이해할 수 없는 지식을 비즈니스 현장에서 살릴 수 있을 거라는 생각은 전혀 들지 않기 때문이다.

서점에서 같은 장르의 책이 있으면 이해하기 쉽게 쓴 책을 선택해야 한다. 『OO입문』, 『초보자가 쉽게 알 수 있는 OO』 등의 책에서도 충분히 새로운 지식은 발견할 수 있다.

앞에서 이야기한 '떡집'이 아닌 분야라면 반드시 쉬운 책을 사야 한다. 국어실력을 높이기 위해서도 아니고 멋있는 표현을 외우기 위해서도 아니다. 자신이 이해하는 것이 첫 번째 목적이다. 어려운 책은 읽지 않는다. 이는 자기계발을 위한 나의 공부 철칙 중의 하나다.

순서를 반대로 하면 더 잘 알 수 있다

거래처나 경쟁상대회사의 경영 상태는 어떨까? 지금까지 오랫동안 대차대조표와 손익계산서를 보아온 나는 신입사원이나 젊은 사원을 대상으로 한 부기강좌가 있다는 말을 듣고 젊은 사원들을 데리고 3개월 코스에 들어갔다. 49세의 아저씨가 부기 3급에 도전한 것이다. 그 결과, 시험에는 보기 좋게 떨어졌지만 그곳에서 매우 귀중한 것을 배웠다.

당시 공부하는 과정에서 좀 이상한 부분을 발견했다. 부기 교과서 첫 부분에 나오는 건 대차대조표다. 이를 작성하기 위해서는 손익계산서가 필요하다. 즉, 그 회사의 매출이 얼마이며, 경비는 얼마나 들었는지, 그 결과 세금을 얼마나 지불하고 최종적으로 이익이 어느 정도 발생했는지 우선 손익계산서를 만든다. 그리고 이를 대차대조표의 자본 장부에 기재한다.

그러나 내가 일을 할 때 가장 먼저 알고 싶은 건 그 시점에서 매출이 얼마이며 손익은 어느 정도인지, 그리고 그 회사의 자본금은 얼마인지, 부채를 얼마나 안고 있는지 하는 것이다. 그럴려면 교과서의 첫 부분에 손익계산서가 나오는 편이 이해하기 쉽다. 손익계산서의 결과가 대차대조표의 일부에 반영되었다면 그 순서대로 설명하는 편이 이해하기 쉽다고 생각했다.

또, 어느 날은 무슨 바람이 불었는지 오랜만에 경제학 책을 꺼내 공부해보려고 했다. 하지만 몇 십 년이나 읽지 않은 경제학 책이다. 이번에는 평소처럼 필요한 부분만 읽는 것을 그만두고 오랜만에 순서대로 찬찬히 읽기로 했다. 책 속에는 다양한 이론이 나와 있었다. '아, 그러고 보니 학생시절에 이런 걸 공부했구나' 하고 쓴웃음을 지으면서도 계속 읽었다.

그런데 마지막까지 읽고 나서 '이게 뭐야!' 하고 실망하고 말았다. '이 경제이론은 지금은 고전이라 불리는 것으로 이런 변천을 거쳐 온 현재의 경제에서는 통용되지 않는다' 라고 쓰여 있는 게 아닌가? '그렇다면 처음부터 그렇게 말해야지' 라고 소리치고 싶었다. 도움이 될 거라 생각하고 읽은 결과가 이 모양이다.

나는 경제사를 공부할 생각은 애초에 없었고 단지 무엇이 지금 주류이며, 그건 어떤 이유에 의한 것인지, 또한 그것을 어떻게 활용하면 성과를 얻을 수 있는지가 궁금했다. 내가 알고 싶은 건 이런 극히 실천적인 지식이었다. 그런데 이 책은 순서가 반대였다. 현재와 관련된 부분부터 공부하는 편이 훨씬 효과적이었을 것이다.

예를 들어, 역사를 공부할 때 교과서에 처음 나오는 건 죠몬시대와 야요이시대다. 몇 백 년, 몇 천 년이나 전 시대를 아는 건 중요하다. 그 시대가 결과적으로 현재와 이어진다는 건 분명하다. 그러나 우리가 여기서 정말 알고 싶은 건 현재와 어떻게 연결되어 있는가 하는 것이 아닐까?

나라시대와 헤이안시대의 연구는 학자들에게 맡기고 16~17년 전에 일어난 거품경제란 어떤 것이었는지, 그건 어떤 원인으로 발생하고 어떤 현상을 일으켰는지를 이해하는 게 우선이다.

그 시대와 현재는 어떻게 다른가? 과거 역사는 현재에 반영했을 때 가치가 생긴다. 이것을 알고 나서 그래도 여유가 있다면 과거로 거슬러 올라가 봐도 좋다. 하지만 사람들과의 교류와 노는 걸 그만두지 않고 공부하려는 나로서는 현재 그런 여유가 없다.

☑ 나를 변하게 만든 책

나는 지금까지 많은 비즈니스 서적을 읽었다.

그 중에는 경영이나 리더십에 관한 것도 적지 않은데, 경영자가 자신의 체험을 기초로 쓴 극히 실천적인 책, 컨설턴트가 자신의 생각을 체계적으로 설명한 책, 학자가 이론을 전개한 책 등 몇 가지 종류가 있다.

그렇다면 어떤 책을 읽으면 좋을까?

한 가지 방법은 일단 책을 손에 들고 대충 페이지를 넘기며 살펴본다.

'아, 이런 사고방식을 하는구나.'

'이건 몰랐네.'

한두 개라도 좋으니 이런 생각이 드는 책을 선택한다. 사람에 따라 느끼는 부분은 꽤 다를 것이다.

예를 들어, 지금 회사 내의 대인관계 때문에 고민한다면 커뮤니케이션에 관한 이야기가 가장 먼저 눈에 들어올 것이다. 혹은 책임이 있는 지위에 막 오른 사람이라면 리더십은 무엇이며, 리더의 조건은 어떤 것인지, 그리고 어떻게 실행에 옮기면 좋은지 등 이런 주제가 쉽게 눈에 들어올 것이다.

자신이 알고 싶은 내용이나 해결의 실마리가 될 만한 주제를 다룬 책을 우선 선택한다. 알고 싶을 때, 고민하고 있을 때가 가장 지식을 효율적으로 흡수할 수 있는 기회이기도 하다.

가장 인상적이었던 책은 '경영의 신' 으로 불리는 경영학자이자 사회학자인 피터 드러커(Peter F. Drucker, 오스트리아 계 미국인 경영자문가, 교육자, 작가)의 『매니지먼트』, 『일의 철학』, 『경영철학』이라는 저서였다.

15년 전의 일이다. 이전부터 드러커에 대한 관심은 있었지만 어느 날 선배로부터 “자네, 드러커의 책은 읽고 있나?”라는 말을 듣고 나서는 한번 제대로 읽어봐야겠다는 생각이 들었다.

그의 책은 굉장히 실천적이며 이해하기 쉽게 쓰였다는 사실에 깜짝 놀랐다. 당시 내가 안고 있던 고민과 비교하면서 읽기 시작하자 도움이 될 만한 내용들로 꽉 차 있었다.

‘항상 고객을 바라보라.’

‘목표를 달성하더라도 기뻐하지만 말고 다음 목표를 생각하라.’

‘평면조직을 만들어라.’

이 구절들은 지금도 선명하게 머릿속에 남아있다. 그 중에서도 다음 구절을 읽고는 정말 깜짝 놀랐다.

‘본부장 한 명이 그 부서에서 빠져 버렸을 때는 바로 인원보충하지 말고 잠시 그 상태로 지켜보라.’

앞에서 말한 조직의 평면화와 같은 맥락이다.

이는 한 가지 예에 불과하지만 자신에게 있어서 지금 무엇이 가장 소중한 주제이며, 어떻게 해야 하는지를 항상 머릿속에 담

아두면 이처럼 반드시 '자신을 바꾸고 자기계발을 도와줄' 훌륭한 책과 만날 수 있다.

제7장

책 외에 어디에서 무엇을 배울 것인가?

프로 일꾼이 하는 일

How to Study

상대의 안색을 보고 일을 부탁하지 말라

"OO씨, 지금 복사할 시간 있어?"

"미안하지만 손님께 차 좀 준비해줬으면 좋겠는데…."

상사가 여사원에게 무언가를 부탁할 때 늘 이런 말투를 하고 있지는 않는가? 부탁했는데 힐끗 째려보거나 짜증난 표정을 짓는다면 실패다. 그럴 때면 "됐어, 됐어. 내가 할 테니까" 하고 맥없이 물러나고 만다. 그러고는 부장이 직접 복사한다. 일을 시키면서도 조심하며 마치 비위를 맞추는 듯한 태도로 부탁을 하며 여사원의 안색을 살핀다. 왠지 분위기가 싸늘해지면 금방 태도를 바꾸어 포기하고 만다.

도대체 누가 상사인지 알 수가 없다. 어쩐지 여사원을 두려워하는 것 같지 않은가? 나는 이런 장면을 목격할 때마다 정말 너무한다는 생각에 화까지 난다.

만일 남자사원이라면 "어이 최대리! 회의 때 급히 필요한 자료가 있으니까 이것 좀 당장 복사해주게" 하고 지시하면 그것으로 끝이다. 부탁받은 쪽도 즉시 복사기 쪽으로 향할 것이다.

이때 "과장님, 무슨 자료입니까?", "응, 지난 번 계약 건 있었지? 그와 관련된 자료야"라는 대화로 발전하기도 한다. 즉, 단순히 복사를 하는 일이지만 그 자료가 어떤 의미를 가지는지 알 수 있는 기회가 된다.

그런데 여사원인 경우에는 상황이 전혀 달라진다. 미움 받고 싶지 않다는 마음이 앞서고 만다. 상사는 부하직원에게 존경받기 위해 일을 하고 있는가? 필요하다면 그 이유를 설명하고 남자사원이나 여사원에게 당당히 부탁하면 된다.

여성에게 배운 것, 배워야 할 것

당신은 여사원에 대해 어떤 호칭을 쓰고 있는가?

남자 부하직원이라면 "어이, 김대리 이 서류를 검토해 보게"라거나 "이주임, 잠깐 이리로 와보게" 하고 대부분 경칭을 붙이지 않고 성이나 이름을 부르는데 여사원에 대해서는 항상 '씨'를 붙여서 이름을 부르고 있지 않은가?

이름 뒤에 '씨'를 붙인다는 건 언뜻 여성을 소중히 하는 것처럼 보이지만 왠지 어딘가 남녀를 차별하는 의식이 있는 것처럼 느껴진다. 말하자면 여성의 능력을 인정하지 않고 동등하게 취급하지 않으려는 사고의 표현일 수 있다.

물론, 남녀 구분 없이 경칭을 사용하지 않는 업계도 있다. 언론계가 그렇다. 그곳에서는 한 번 부서에 배치되어 똑같은 역할이 주어지면 남녀 구분 없이 같은 성과를 요구하는 게 보통이다.

만일 부하직원이 어떤 실수를 했을 때 상사는 당연히 야단을 친다. 그런데 여사원에 대해서는 남자사원과 똑같이 야단치지는 않는다. 물론 남자사원에 비해 여사원은 야단을 맞는데 익숙하지 않다는 점도 있지만 그 배경에는 잘못 야단쳤다가는 심하게 상처를 주거나 아니면 오히려 강하게 반발하기 때문에 섣불리 건들고 싶지 않기 때문이다. 혹은 미움 받고 싶지 않다는 의식도 있겠지만 이 역시 남녀를 차별하고 있다고 할 수 있다.

거품경제가 붕괴하고 구조조정의 칼바람이 부는 가운데 전문성을 갖추어서 장래에 관리직을 노리는 여성도 적지 않다. 능력도 충분하고 의욕도 있다.

그러나 이와 상관없이 상사가 제대로 교육하지 않을 때가 많은데, 일에 대해 요구할 것은 당당히 요구하여 회사에 공헌하도록 한다. '~을 해주세요' 라고 단순히 지시만 할 게 아니라 의뢰

하는 업무의 배경이나 이유, 원하는 결과를 귀찮아하지 말고 설명한다.

이에 부응하는 사람은 확실히 평가하여 승진시키면 된다. 우수한 인재를 단지 여성이라는 이유만으로 활용하지 않는 건 기업으로서도 아까운 일이다.

'어차피 무슨 말을 해도 소용없을 거야.'

'무슨 말을 하면 말대꾸하거나 삐쳐서 골치 아프니까.'

우선 이와 같은 여성에 대한 편견부터 버려야 한다.

우연히 만난 여성에게 배우다

여느 때처럼 퇴근길에 단골가게에 들러 술을 마시며 공부를 하고 있을 때 우연히 20대의 여성과 이야기를 나누게 되었다. 컴퓨터 시스템 관련 일을 한다는 이 여성이 말했다.

"전 연수에 참가하거나 프레젠테이션 하는 걸 좋아해요."

나도 모르게 내 귀를 의심했다. 연수라고 하면 회사의 명령이라서 마지못해 갈 때가 많은데 이 여성은 그렇지 않았다. 왜 좋아하는지를 묻자 그런 장소에서는 토론을 하거나 프레젠테이션 할 때 모두들 자신의 이야기를 들어주기 때문이라고 했다. 그게 너무 기뻐서 발표하면서도 기분이 좋다고 했다.

"하지만 그건 연수현장이라 분위기가 좋아서 그렇게 느껴졌을 거예요. 실제로 거래처 앞에서 프레젠테이션 할 때는 생각만큼 즐겁지 않아요."

나는 즉시 반론을 제기했다. 실제로 내 자신이 즐겁다고 느낀 적은 한 번도 없었기 때문이다. 해야 할 일이기에 어쨌든 최선을 다하지만 늘 긴장의 연속이다. 더구나 이 여성은 다른 업종에 근무하는 사람들과의 교류모임도 주최하고 있다고 했다. '젊은 여성 중에도 이처럼 적극적인 사람이 있구나' 하고 감탄했다.

성격에 따라 다르겠지만 남자 못지않게 일을 하고 싶어 하는 여성이 많을 것이다. 그런데 회사 안에서는 어떤가? 생각해보면 평소에 우리는 여사원의 이야기에는 거의 귀를 기울이지 않는다. 게다가 여성에게는 자신의 의견을 발표할 장소가 많이 주어지지 않는다.

그래서 이 여성은 연수 토론장에서 자신의 의견을 마음껏 말할 수 있는 기회가 주어지거나, 프레젠테이션이라는 형태로 자기표현을 할 수 있어서 기쁨을 느끼는 게 아닐까?

남녀를 불문하고 의욕이 넘치는 우수한 인재에게는 자신의 의견을 마음껏 발표할 수 있는 기회가 균등하게 주어져야 한다. 이것은 술집에서 우연히 만나 이야기를 나눈 한 여성에게서 배운 것이다.

☑ 메일은 알기 쉽도록 규칙 먼저 만든다

지금은 메일로 연락을 주고받는 일이 일상이 되었다. 나도 이만큼 편리한 건 없다고 생각하지만 가끔 메일이 효율적이지 못할 때가 있다. 예를 들어, '연락' 이라는 타이틀의 메일만큼 화가 나는 건 없다. 메일을 보낸 이상은 당연히 연락한다. 이건 최악의 메일이다. 더구나 이런 메일일수록 자세한 건 첨부한 파일을 봐달라고 쓰여 있을 때가 많기 때문에 짜증부터 난다. 도대체 뭘 원하는지 알 수가 없다.

'무슨 말을 하고 싶은 걸까?', '어떤 목적의 메일일까?', '무엇을 요구하고 있는 걸까?', '답장이 필요한 걸까?'

그 중에는 제목이 짧은 편이 좋다고 생각하는 사람도 있지만 그건 잘못된 생각이다. 제목은 우선 그 내용을 한눈에 알 수 있어야 한다.

MSN일 때는 50문자까지 제목을 쓸 수 있다는 걸 알고 있는가? 이것을 이용하면, '보고, O△점의 이번 달 매출 OO만 엔, 방문고객 수는 △×명, 지난달보다 O% 상승', '출석 희망, O월 O일 △시, 제1회의실에서 OO에 대한 토론'이라는 제목을 붙일 수 있다. 본문 내용 없이 이것만으로도 충분히 상대에게 핵심을 전달할 수 있다.

언젠가 가게 몇 군데에서 매출보고에 관한 메일을 보내왔다. 그 중의 한 통에 '흑흑…'이라는 제목이 있었다. 첨부파일을 확인하지 않더라도 이 제목만으로도 매출이 좋지 않다는 걸 금방 알 수 있었다. 이런 유머도 가끔은 필요하다.

또한 메일은 반드시 매일 확인한다. 답장이 없을 때는 상대가 이해했다는 규칙을 정하여 철저하게 관리한다면 번거로운 메일 처리에 많은 시간을 뺏기지 않아도 된다.

스케줄 관리는 이렇게 한다

자투리 시간을 어떻게 만들고 그 시간을 얼마나 효과적으로 사용할지 등 직장인이 공부를 하기 위해 반드시 필요한 것은 스케줄 관리다.

최근에는 PDA(휴대정보단말기)나 컴퓨터 등으로 관리하는 경우도 증가했지만 나는 탁상달력과 수첩만을 사용하고 있다. 일 외에도 술자리나 모임이 많기 때문에 스케줄 관리에 꽤 신경 쓰고 있다. 일정도 '밤부터' 채워나간다.

탁상달력은 일주일 주기로 되어 있으며 늘 책상 위에 놓여 있다(수첩은 휴대용). 회의나 고객의 방문예정과 약속은 이 탁상달력에 모두 적혀 있다.

그러나 이것만으로는 스케줄 관리가 되지 않는다. 골치 아픈 게 메모 종류다. 중요하다고 생각해서 써둔 메모를 어디에 넣었는지 몰라서 양복주머니와 가방 안을 뒤지는 일이 많다. 그런 일이 없도록 나는 최대한 탁상달력에 적어둔다.

공간이 더 필요할 때는 메모에 적어서 탁상달력에 찍개로 붙인다. 이렇게 하면 필요사항을 꼼꼼하게 챙길 수 있다. 수첩이 두꺼워져서 사용하기 힘들어지면 불필요한 페이지는 뜯어서 버리면 된다.

평소에는 수첩만 갖고 다니는데 100페이지에 가까운 여백이 있는 것을 사용한다. 걷다가 또는 책을 읽다가 문득 떠오른 아이디어와 중요한 일을 메모해두기 위해서다. 이렇게 스케줄을 잘 관리해서 자신의 공부시간을 최대한 늘린다.

어시스턴트에게 능숙하게 일을 시키는 법

나는 외국인에게 많은 것을 배웠다. 미국에 처음 부임했을 때 가장 감동했던 것은 어시스턴트와 비서에게 일을 시킬 때 참으로 능숙하다는 점이다. 그들의 사고방식은 명쾌하다. 이왕에 일을 시킬 거면 월급이 비싼 사람보다 일을 빨리 처리할 수 있는 사람을 선택하는 편이 훨씬 효율적이라고 생각한다.

요즘 일본에서도 성별을 구분한 채용이 안 되지만 미국에서는 성별 외에 연령을 표시한 모집조차 할 수 없다. 일본에서의 채용모집은 '경리 어시스턴트 모집, 35세까지' 라고 하지만 미국에서는 '경리 어시스턴트, 3년 이상의 경험 필요' 라고 한다. 면

접에서 지금까지 어디에서 무슨 일을 했는지가 중시된다. 그 중에서도 가장 중요한 건 그 사람의 경력과 능력이다.

그리고 미국에서는 신입사원에게 무슨 일을 할지 구체적으로 서면으로 제시한다. 이를 '직무기술서(Job Description, 피고용인이 수행해야 할 직무와 기대되는 성과를 나열한 문서)' 라고 한다.

'어떤 일을 담당하고 어떤 과제가 주어지는가?'

피고용인은 기본적으로 서면에 쓰여 있지 않은 일은 하지 않는다. 이런 '계약' 을 당연하게 여긴다. 일본에서는 정사원으로 채용되어도 어떤 업무를 담당할지 구체적인 내용까지는 명확하게 정해져 있지 않다. 그래서 불만이 터져 나오는 것이다.

고용할 때 분명하게 "당신의 업무 중에는 서류정리도 있고 고객이 오면 차도 대접해야 하는데, 그 일도 당신 업무의 일부입니다"라고 말해두면 본인도 이해하고 불만을 늘어놓지는 않을 것이다. 이렇게 하면 일의 효율도 높아진다.

싫어하는 상사는 어떻게 대하면 좋을까?

싫어하는 상사 또는 하는 행동이 불쾌한 선배는 어느 직장에나 있기 마련이다. 이럴 때 우선 자신이 왜 그 상사를 싫어 하는지를 냉정하게 분석해볼 필요가 있다. 예를 들어, 생리적으로 싫은 건지, 아니면 일을 잘 못하기 때문인지 정확히 알아야 한다. 단지 바보처럼 보여서 싫다면 그건 기억력이 나쁘거나 이해력이 부족하거나, 혹은 말투가 서투르기 때문일 것이다.

'아, 그랬구나' 하고 그 원인을 알면 어느 정도 대응방법도 알 수 있다. 자신이 그렇게 생각하고 있다는 건 다른 사람들도 그렇게 생각한다는 것이다.

일본에서는 성과주의라고는 하지만 아직도 조직 안에는 연공서열이 남아있는 게 사실이다. 아무리 우수해도 회사에 입사한 지 5년차인 사람은 사장이 될 수 없는 게 현실이다. 이렇게 해서는 이상적인 피라미드형 조직을 만들 수 없다. 정점 아래에 '혹'처럼 남아 있는 사람이 있다.

이런 사람이 과연 우수한가 하면 유감스럽게도 그렇지 않을 때가 많다. 연공서열형에서 성과주의로 이행하는 과도기이기 때문에 이런 현상이 나오는 것이다. 미국 기업은 피라미드형에 가깝고, 이와 같은 힘든 경쟁에서 살아남은 사람은 모두 우수하다. 일이 서툰 상사는 한 번도 본 적이 없다.

그러나 인간적으로 말하면 약간 별난 사람도 많이 있다. 그런 사람들은 어떤 요소가 결여되어 있다고 생각되지만 그 결여된 부분을 찾아내어 대인관계를 갖는다. 자신의 일하는 모습은 반드시 누군가가 지켜보고 있다. 그러므로 싫어하는 상사와도 원만하게 지내야 한다. 당신을 알아주는 사람은 반드시 당신 주위에 있을 것이다.

실수를 자주 하는 부하직원은 이렇게 야단쳐라

실수하거나 무언가 잘못되었다고 생각되는 부하직원에게는 따끔하게 야단쳐라. 미움 받고 싶지 않다거나 체면을 차릴 때가 아니다.

왜 일을 제대로 못하는지, 그 이유를 찾아내어 확실한 목표를 설정하게 만들고 눈에 보이는 성과를 요구한다. 일을 시킬 때는 기한을 지키도록 한다. 그 상대가 밉기 때문에 야단치는 것은 결코 아니다. 기업의 성장은 사원의 능력을 얼마나 이끌어내는가에 달려 있다.

"이건 아니야."

"이건 이렇게 해야지."

"제대로 다시 해오게."

해야 할 말은 정확히 전달해야 한다. 10년 전이라면 귀찮을 정도로 잔소리를 하는, 말하자면 군대의 조교에 해당하는 사원이 있었다. 그 옆에서 대장은 말없이 지켜보는 시절이 있었다.

그런데 지금은 그런 '미움 받는 역할'을 하는 사원은 주위를 아무리 둘러봐도 없다. 모두 '좋은 사람'이 되고 싶어 한다. 조직으로서의 기능은 정말로 있는지 궁금하기까지 하다.

요즘은 자칫 잘못해서 부하직원에게 '이런 바보 같은 녀석!' 하고 야단이라도 쳤다가는 오히려 자신이 고소당할지도 모른다는 생각이 들 정도다.

그러나 실수한 것에 대해서는 분명하게 '그건 틀렸어. 이렇게 하도록 해'라고 말해주어야 한다. 그것이 상사로서의 직무다.

야단치지 않는 상사가 이해심이 있는 건 아니다. 같은 실수를 되풀이하지 않기를 바라는 마음과 그 부하직원의 능력을 최대한 끌어내고 싶기 때문에 야단치는 것이다.

화를 낸다는 것은 자신이 화가 나기 때문에 자신의 기분을 풀기 위해 하는 행동이다. 그러나 야단친다는 것은 상대의 성장을 위해 지도하는 것을 말한다.

'화를 내다' 와 '야단치다' 의 구별을 모르는 사람이 의외로 많고, 알고 있어도 실행하지 않는 경우가 많다. 또한 그런 의식을 갖고 야단치려고 하다가도 자신도 모르게 감정이 앞서서 말투가 거칠어질 때가 있다. 감정적으로 화를 내는 건 누구나 할 수 있다. 어떤 목적으로 무엇을 위해 야단치는지를 다시 한 번 자기 자신에게 물어보고 행동하자.

기업의 성장과 효율적인 업무개선을 위해서는 전체 사원이 이와 같은 의식과 의욕을 갖고 행동해야 한다. 당신의 부하직원은 누군가에게 부탁해서 빌려온 고양이가 아니다.

잭 웰치에게 배우는 리더십

잭 웰치(John Frances Welch Jr)는 제네럴 일렉트릭(GE)의 최고 경영자로 활약한 인물이다.

1981년 제네럴 일렉트릭의 최연소 회장 겸 경영자의 자리에 취임하였으며, 1999년에는 『포춘』지가 뽑은 20세기 최고의 경영자이기도 하다.

미국에서 지내던 어느 날, 난 잭 웰치와 직접 만날 수 있는 기회를 얻었다. 미국 미쓰이물산 사장의 비서 자격으로 그를 방문한 것이다. 방으로 들어서자마자 그는 내 손을 꼭 잡으며 앉으라고 권했다. 나는 너무 흥분한 나머지 제정신이 아니었다. 게다가 얼마나 긴장했는지 온 몸이 굳어있었다.

즉시 대화가 시작되었다. 서로가 알고 있는 인물에 대한 이야기가 나오자, "그는 괜찮은 녀석이야" 하고 분위기가 한결 부드러워졌다. 덕택에 적극적으로 사업협력을 진행해야겠다는 생각까지 하게 되었다.

첫 대면을 했을 때의 인상은 굉장히 강렬했지만 순식간에 상대를 편안하게 해주는 그의 매너에 깜짝 놀랐다. 성격이 무척 까칠한 경영자일 거라는 선입견은 순식간에 사라졌다. 이야기를 나누다 보니 마치 옆집 아저씨같은 느낌이 들만큼 털털하고 융통성이 있었다. 무한한 신뢰감이 느껴졌다.

어느새 상대의 이야기에 푹 빠져 들었다. 그의 카리스마에 계속 압도되기는 했지만 단 한 번의 만남으로도 사람의 마음을 붙잡는 묘한 매력이 느껴졌다. 물론 유머도 넘쳤다. 헤어질 때 내 상사가 물었다.

"다음에 함께 골프하지 않겠습니까?"

그러자 그는 즉석에서 웃으며 이렇게 대꾸했다.

"안 하겠습니다. 일본인은 골프가 서툴러서요."

일주일 후에 그날 함께 나누었던 비즈니스 관련 내용에 관한 그의 자필편지가 도착했다. 편지지 세 장에는 상당히 꼼꼼하고 구체적인 내용으로 가득 차 있었다.

잭 웰치와 같은 카리스마 경영자는 아닐지라도 당신도 어느 정도 배우고 공부하면 작은 회사의 리더는 될 수 있다. 그러기 위해서는 리더란 무엇이며, 어떻게 해야 되는가를 알아야 한다. 구체적으로 말하면 다음과 같다.

'부하직원에게 명확한 목표를 준다.'

'일의 기한을 정한다.'

'진행상황을 확인한다.'

'정보를 준다.'

'실수할 때는 야단친다.'

이와 같은 리더십을 발휘할 수 없는 기업은 자신의 경험에만 의지한 채 새로운 공부를 하지 않는다는 것을 알 수 있다. 과거에 집착하고 자신의 경험만을 척도로 삼는다. 그렇기 때문에 새로운 일에 대한 이야기가 있어도 정확하게 판단하지 못한다. 그래서 결론을 내지 못하고 그냥 포기해버리는 경우가 많다. 그 결과 시대에 뒤떨어지게 되는 것이다.

세상이 영원히 변하지 않는다면 그런 고집은 통용될지도 모른다. 그러나 최근 10년, 아니 5년만 지켜보아도 사회와 경제상황은 급속도로 변화하는 것을 알 수 있다.

기업의 사명은 세상 변화에 맞추어나가는 것이다. 이는 단순히 경영자에게만 해당되는 이야기는 아니다. 어느 정도의 지위에 올랐을 때 반드시 맞닥뜨리는 부분은 어떻게 리더십을 발휘해야 하는가 하는 점이다. 잭 웰치는 바로 그 점을 가르쳐준, 매우 존경할 만한 경영자였다.

기업은 인재가 좌우한다

기업은 인재가 좌우한다. 모든 경영자들이 하는 말이다. 내가 읽은 책 속에서도 자주 나온다. 솔직히 그렇다. 기업의 발전은 인재에 의해 결정된다. 이것은 일을 하면서 절실하게 느끼는 부분이다.

그렇다면 과연 경영자가 사원에 대해, 반대로 사원이 경영자에 대해 자신의 책임을 다하고 있다고 말할 수 있을까?

유감스럽게도 책임을 다하고 있지 않다고 생각한다. 예를 들어, 최근 빈발하고 있는 제품 사고가 그것을 대변해주고 있다. 이와 같은 사고의 대부분은 일어날 만하기 때문에 일어난 것이다. 사고가 나기 전에 반드시 어떤 징조가 나타난다.

예를 들어, 급격히 매출이 떨어지고 클레임이 증가한다. 그러나 왜 그런 현상이 일어나는지 그 원인을 찾지도 않고 아무런 대처도 하지 않기 때문에 더 커다란 문제로 발전하는 것이다.

최근 소비자는 상당히 현명하고 냉정해졌다. 클레임을 거는 정도로 끝나지 않는다. 문제는 이 경우에 얼마나 적절하게 대처하느냐 하는 것이다. 기업은 경영자나 사원만의 것이 아니다. 주주라는 막강한 스폰서가 있기 때문에 성립된다. 해외펀드의 일본 투자나 M&A가 증가한 현재, 기업은 싫어도 주주를 의식해야만 한다. 이는 좋은 현상이다.

최근 후지하라 마사히코의 『국가의 품격』이 베스트셀러가 되었다. 확실히 겉모습에는 상관없이 수익만 올리던 시대도 있었다. 그러나 이미 그런 시대는 지나갔다. 기업에도 품격을 요구하고 있다. 그 열쇠를 쥐고 있는 건 바로 인재다.

건강을 다스릴 때도 공부는 잊지 않는다

매일처럼 술을 마시고 사람들과의 만남을 계속하며 공부하는 내게는 당뇨병이 있다. 로스앤젤레스에서 일할 때 처음 의사에게 당뇨병이라는 통고를 받았다.

"당뇨수치가 높군요."

하지만 대수롭지 않게 여기고 평소와 다름없는 생활을 계속했다. 의사에게 똑같은 말을 다시 들은 건 귀국하고 나서였다.

"당신은 거의 10년 가까이 이런 생활을 계속하고 있죠? 어쨌든 체중을 줄이고 운동하세요."

의사의 말을 다시 듣고 난 후에야 나름대로 생활을 바꿔보려고 노력했지만 결코 쉽지 않았다. 명확한 목표가 없는 만큼 운동도 다이어트도 오래 지속될 리가 없었다.

그러던 어느 날, 지인에게 소개받은 당뇨병 전문의를 찾아갔다. 대기실에서 기다리고 있는 동안 약을 받거나 인슐린 주사액을 받는 사람들을 바라보았다.

'이렇게 마냥 방치할 때가 아닌 것 같은데….'

내가 정말 환자라는 자각이 생긴 건 바로 그때부터였다. 그렇다고 해서 술이나 사람들과의 만남을 그만둘 수는 없었다. 그래서 그 의사에게 물었다.

"절대로 술을 먹지 말아야 하는 건 아니죠?"

"술을 마시면 살찌니까… 하지만 살만 찌지 않으면 괜찮아요."

의사가 그렇게 말했다. 그렇다면 술을 마신 후에 늘 챙겨 먹던 밥과 라면을 그만두기로 했다. 결국 술과 밥 중에 술을 선택한 것이다. 그리고 전분이나 당분 섭취를 억제하면 공복 시 당뇨 수치가 오르지 않는다는 걸 알았다.

또 한 가지는 운동이었다. 운동을 하면 맨 먼저 혈액 중의 혈당이 연소되고 그 다음에는 지방이 연소된다. 그렇기 때문에 30분 정도 걸으면 혈당도 내려간다고 한다. 유산소운동으로 가능하면 매일 걷기로 했다. 습관처럼 하루에 만 보 이상 걸었다. 일주일에 1~2회는 헬스센터에도 다녔다. 만 보 이상 걷기 위해서는 약 5킬로 정도, 하루 한 시간은 걸어야만 한다. 이런 일과를 내 공부에 이용하지 않을 수는 없었다.

항상 노트를 들고 다니며 생각나는 건 즉시 메모했다. 피곤하면 도중에 있는 커피숍에서 잠시 휴식을 취하며 책을 읽었다. 그래서 걷는 운동은 조금도 괴롭지 않았다. 지금은 당뇨수치도 컨트롤하고 있다. 지병을 다스리는 시간에도 매일 업무처리하면서 공부도 계속하고 있다.

후기

내가 젊었을 때만 해도 "일을 눈치껏 배워라"라고 말하곤 했다. 누가 굳이 가르쳐주지 않아도 선배들이 일하는 모습을 보고 스스로 배우라는 말이다. 확실히 이 방법에는 중요한 두 가지 포인트가 있다. 첫째는 자신이 마음먹고 배우지 않으면 전혀 성과가 오르지 않기 때문에 자주성이 중요하다. 둘째는 남이 가르쳐주는 대로 그저 따라가는 것이 아니라 스스로 고생하며 직접 깨우치는 것이다. 고생하며 어렵게 배운 지식인 만큼 쉽게 잊혀지지 않는다.

요즘 시대의 흐름은 너무 빨라서 때에 따라서는 이직도 해야 하는 시대가 되었다. 그만큼 개인의 실력이 중요시되고 있기 때문에 자신의 능력을 계속 업그레이드해야만 살아남을 수 있다. 같은 회사에 오래 근무한다거나 평생 같은 직업을 갖는다는 건 어쩌면 희망사항일지도 모른다. 그렇기 때문에 한시라도 빨리 책이나 선배를 통해 지식과 노하우를 효율적으로 배워야 한다고 생각한다. 이 책에서는 자기계발에 도움이 되는 공부도 마음만 먹으면 얼마든지 시간을 쪼개어 할 수 있다는 것을 소개했다.

요즘 '근무시간 외 근무가 없는 회사', '휴가가 많은 회사' 등을 소개한다는 취직 알선 회사의 광고를 자주 본다. 자신의 의지대로 회사를 선택할 수는 있지만 자신만 생각하다가 정작 회사가 돈을 벌지 못하면 그때는 어떻게 할 것인가? 돈을 벌지 못하면 당연히 회사는 사원들의 월급을 낮추고 구조조정을 한다.

나는 일단 회사에 들어왔으면 자기 회사에 공헌하라는 말을 해주고 싶다. 회사에 공헌해서 좋은 성과를 내면 회사 실적이 향상된다. 그러면 결국 그 이익은 사원들에게 환원이 된다. 회사에 공헌하는 '능력 있는 사원'이 되기 위해서는 더 이상 망설이지 말고 진지하게 공부하라고 권하고 싶다. 훌륭한 회사의 경영자 대부분이 그러했듯이.

성과를 높이는 직장인 공부법

초판 1쇄 인쇄 2010년 3월 3일
초판 1쇄 발행 2010년 3월 13일

지은이 | 후루카와 히로노리
옮긴이 | 김활란
펴낸이 | 전익균

이사 | 송영욱, 엄재명
편집장 | 김남희
기획 · 편집 | 김미화, 김광진
디자인 | 이호영
마케팅 | 오정민, 허윤영
경영지원 | 최예란
외부 스텝 | 이미순(편집), 서주진(디자인)

찍은곳 | 예림인쇄
출력 | 한국커뮤니케이션
제본 | 바다제책

펴낸곳 | 에이원북스
주소 | 서울 강남구 역삼동 723-28 영빌딩 1, 2층
전화 | 02-3442-4393~4 팩스 | 02-3442-6771
e-mail | svinvest@hanmail.net 홈페이지 | www.assetclass.co.kr
등록번호 | 제16-4043호 등록일자 | 2006. 11. 28

값 11,000원

ISBN 978-89-92873-62-8 (03320)